物化历史系列

甲骨文史话

A Brief History of Oracle-Bone Inscriptions in China

张利军 / 著

社会科学文献出版社
SOCIAL SCIENCES ACADEMIC PRESS (CHINA)

图书在版编目（CIP）数据

甲骨文史话/张利军著．—北京：社会科学文献出版社，2011.11（2014.8重印）
（中国史话）
ISBN 978-7-5097-2622-8

Ⅰ.①甲… Ⅱ.①张… Ⅲ.①甲骨文-介绍-中国 Ⅳ.①K877.1

中国版本图书馆CIP数据核字（2011）第159465号

“十二五”国家重点出版规划项目

中国史话·物化历史系列

甲骨文史话

著　　者／张利军

出 版 人／谢寿光
出 版 者／社会科学文献出版社
地　　址／北京市西城区北三环中路甲29号院3号楼华龙大厦
邮政编码／100029

责任部门／人文分社（010）59367215
电子信箱／renwen@ssap.cn
责任编辑／范明礼
责任校对／白桂祥
责任印制／岳　阳
经　　销／社会科学文献出版社市场营销中心
（010）59367081　59367089
读者服务／读者服务中心（010）59367028

印　　装／北京画中画印刷有限公司
开　　本／889mm×1194mm　1/32　印张／6.375
版　　次／2011年11月第1版　字数／125千字
印　　次／2014年8月第2次印刷
书　　号／ISBN 978-7-5097-2622-8
定　　价／15.00元

总　序

中国是一个有着悠久文化历史的古老国度，从传说中的三皇五帝到中华人民共和国的建立，生活在这片土地上的人们从来都没有停止过探寻、创造的脚步。长沙马王堆出土的轻若烟雾、薄如蝉翼的素纱衣向世人昭示着古人在丝绸纺织、制作方面所达到的高度；敦煌莫高窟近五百个洞窟中的两千多尊彩塑雕像和大量的彩绘壁画又向世人显示了古人在雕塑和绘画方面所取得的成绩；还有青铜器、唐三彩、园林建筑、宫殿建筑，以及书法、诗歌、茶道、中医等物质与非物质文化遗产，它们无不向世人展示了中华五千年文化的灿烂与辉煌，展示了中国这一古老国度的魅力与绚烂。这是一份宝贵的遗产，值得我们每一位炎黄子孙珍视。

历史不会永远眷顾任何一个民族或一个国家，当世界进入近代之时，曾经一千多年雄踞世界发展高峰的古老中国，从巅峰跌落。1840 年鸦片战争的炮声打破了清帝国“天朝上国”的迷梦，从此中国沦为被列强宰割的羔羊。一个个不平等条约的签订，不仅使中国大量的白银外流，更使中国的领土一步步被列强侵占，国库亏空，民不聊生。东方古国曾经拥有的辉煌，也随着西方列强坚船利炮的轰击而烟消云散，中国一步步堕入了半殖民地的深渊。不甘屈服的中国人民也由此开始了救国救民、富国图强的抗争之路。从洋务运动到维新变法，从太平天国到辛亥革命，从五四运动到中国共产党领导的新民主主义革命，中国人民屡败屡战，终于认识到了“只有社会主义才能救中国，只有社会主义才能发展中国”这一道理。中国共产党领导中国人民推倒三座大山，建立了新中国，从此饱受屈辱与蹂躏的中国人民站起来了。古老的中国焕发出新的生机与活力，摆脱了任人宰割与欺侮的历史，屹立于世界民族之林。每一位中华儿女应当了解中华民族数千年的文明史，也应当牢记鸦片战争以来一百多年民族屈辱的历史。

当我们步入全球化大潮的21世纪，信息技术革命迅猛发展，地区之间的交流壁垒被互联网之类的新兴交流工具所打破，世界的多元性展示在世人面前。世界上任何一个区域都不可避免地存在着两种以上文化的交汇与碰撞，但不可否认的是，近些年来，随着市场经济的大潮，西方文化扑面而来，有些人唯西方为时尚，把民族的传统丢在一边。大批年轻人甚至比西方人还热衷于圣诞节、情人节与洋快餐，对我国各民族的重大节日以及中国历史的基本知识却茫然无知，这是中华民族实现复兴大业中的重大忧患。

中国之所以为中国，中华民族之所以历数千年而不分离，根基就在于五千年来一脉相传的中华文明。如果丢弃了千百年来一脉相承的文化，任凭外来文化随意浸染，很难设想13亿中国人到哪里去寻找民族向心力和凝聚力。在推进社会主义现代化、实现民族复兴的伟大事业中，大力弘扬优秀的中华民族文化和民族精神，弘扬中华文化的爱国主义传统和民族自尊意识，在建设中国特色社会主义的进程中，构建具有中国特色的文化价值体系，光大中华民族的优秀传统文化是一件任重而道远的事业。

当前，我国进入了经济体制深刻变革、社会结构深刻变动、利益格局深刻调整、思想观念深刻变化的新的历史时期。面对新的历史任务和来自各方的新挑战，全党和全国人民都需要学习和把握社会主义核心价值体系，进一步形成全社会共同的理想信念和道德规范，打牢全党全国各族人民团结奋斗的思想道德基础，形成全民族奋发向上的精神力量，这是我们建设社会主义和谐社会的思想保证。中国社会科学院作为国家社会科学研究的机构，有责任为此作出贡献。我们在编写出版《中华文明史话》与《百年中国史话》的基础上，组织院内外各研究领域的专家，融合近年来的最新研究，编辑出版大型历史知识系列丛书——《中国史话》，其目的就在于为广大人民群众尤其是青少年提供一套较为完整、准确地介绍中国历史和传统文化的普及类系列丛书，从而使生活在信息时代的人们尤其是青少年能够了解自己祖先的历史，在东西南北文化的交流中由知己到知彼，善于取人之长补己之短，在中国与世界各国愈来愈深的文化交融中，保持自己的本色与特色，将中华民族自强不息、厚德载物的精神永远发扬下去。

《中国史话》系列丛书首批计200种，每种10万字左右，主要从政治、经济、文化、军事、哲学、艺术、科技、饮食、服饰、交通、建筑等各个方面介绍了从古至今数千年来中华文明发展和变迁的历史。这些历史不仅展现了中华五千年文化的辉煌，展现了先民的智慧与创造精神，而且展现了中国人民的不屈与抗争精神。我们衷心地希望这套普及历史知识的丛书对广大人民群众进一步了解中华民族的优秀文化传统，增强民族自尊心和自豪感发挥应有的作用，鼓舞广大人民群众特别是新一代的劳动者和建设者在建设中国特色社会主义的道路上不断阔步前进，为我们祖国美好的未来贡献更大的力量。

陈奎元

2011年4月

作者小传

张利军，1979年生，汉族，黑龙江省庆安人。2009年毕业于北京师范大学历史学院中国古代史专业，获历史学博士学位，现任教于东北师范大学历史文化学院，职称讲师，研究方向为先秦史。在《史学史研究》、《考古与文物》、《殷都学刊》、《古代文明》等刊物上发表论文多篇。现主持教育部人文社会科学一般项目“出土文献与商周服制研究”及东北师范大学校内青年基金项目“西周政治结构内外服研究”。

目　录

一 甲骨文的发现与发掘

甲骨文的发现

甲骨文的发现、发掘和被研究成为中华文明史上最为引人注目的文化现象。我们要谈的甲骨文既包括反映商代盘庚迁殷至纣王亡国的270余年间历史的商代甲骨文，还包括西周甲骨文。是刻在龟甲和兽骨（主要是牛肩胛骨）上的商周古文字。

这里说的甲骨文的发现是指殷墟甲骨文的被发现，即它作为古代的一种文字被人认识。一般认为殷墟甲骨文是1899年由王懿荣发现的。此年山东潍县（今山东潍坊）古董商范维卿携带从河南安阳县小屯村村民手中购买的有字甲骨来到北京，请时任国子监祭酒的王懿荣鉴定。王懿荣认出在甲骨上契刻的是一种古代的文字，于是首先从范维卿手中重金购买甲骨文。这就是甲骨文的发现。

甲骨文的发掘

甲骨文的发掘主要指甲骨文从地下被挖掘出来，

有非科学的乱掘和根据考古学的科学方法进行的发掘两个阶段。

（1）非科学的挖掘阶段。

殷墟甲骨文最早被发掘时代可能是隋唐时期，那时候小屯村一带是墓葬区，挖墓时翻出的甲骨又被填埋到墓室或墓道中，未被当时人留意，董作宾《甲骨学五十年》中认为这时是甲骨文被“偶然掘出又复埋入的时期”。在1899年甲骨文发现以前的一段时间里，小屯村民也常在村北农田里翻刨出甲骨，刮去上面的字，当做“龟版”、“龙骨”等药材廉价卖给药店，小块或字不易刮去的就扔到枯井中。也有的被碾成细末，制成“刀尖药”，在集市上出卖。

1899年，王懿荣发现甲骨文并重金购求之后，甲骨的价钱激增。在高利的驱使下，小屯村人开始大规模地挖掘甲骨。从1899年甲骨文发现至1928年殷墟科学发掘的30年间，小屯村民私掘甲骨的活动，较为清楚发掘地点及出土甲骨去向的大致有九次。

第一次发生在1899～1900年，出土地点可能是小屯村北洹河南岸刘家20亩地中。所得甲骨去向可能是：1899年范维卿卖给王懿荣12版有字甲骨；1900年又卖给他800片。同年，又一潍县古董商赵执斋也得数百片甲骨卖给了王懿荣（董作宾、胡厚宣《甲骨年表》，第1～2页）。

第二次发生在1904年，地主朱坤率领佃户长工，在村北洹河南岸他的14亩地里，大举挖掘，据说所获甲骨有几车。端方、黄濬、徐坊所得3600多版，都出于此次发掘。这批甲骨从河南流到山东，被美国长老会驻潍县传教士方法敛、英国浸礼会驻青州传教士库寿龄分批购得很多。相关情况参考董作宾、胡厚宣《甲骨年表》第3～5页。

第三次发生在1909年，小屯村前张学献地里挖山药，发现甲骨文，出土牛肩胛骨骨臼、边缘部分甚多。这批甲骨卖给了罗振玉。

第四次发生在1920年，当时华北大旱，村民相约在村北洹河边挖掘甲骨。凡是从前出土过甲骨的地方，都再三搜求，附近各村农民也来参加。据说出土不少甲骨，大半卖给了霍保禄和天津王襄。

第五次在1923年，村中张学献家菜园里发现有字骨版，有两块大骨版，文字都很多。被明义士买走。

第六次在1924年，村中筑墙起土，发现一坑甲骨，被明义士买走。

第七次在1925年，小屯村民在村前路旁大举挖掘，得到甲骨数筐，其中有大骨。售与上海商人，后被明义士购得。

第八次在1926年春，张学献被土匪绑架，小屯村民与其家人商议挖掘菜园，因伤人而停止，挖得甲骨甚多，多被明义士买走。

第九次在1928年春，北伐军在安阳作战，驻军洹南，村民不能耕作。战争结束后，村民与地主商量共同挖掘甲骨，在村前路旁、麦场前树林中大举挖掘，发现不少甲骨，多数卖给了上海、开封的商人。1933年春，日本加快了侵华步伐，平津危机，历史语言研究所安阳发掘工作中辍，小屯及邻近村庄村民乘机挖掘，所得甲骨流入北平场肆之中。私掘者还于侯家庄附近挖掘出大量的青铜器和其他珍贵文物，历史语言研究所遂将挖掘工作转向侯家庄，于是才有了震惊世界的殷王陵大墓的发现。

1929 年 10 月 21 日，史语所考古组在小屯第三次发掘时，当时的河南省政府也派河南博物馆的何日章到小屯抢着发掘，持续达两个月。1930 年 2 月 20 日至 3 月 9 日、4 月 12 日至月底，何日章又在小屯进行第二次发掘。何日章的发掘目的只在于寻找甲骨文，不顾其他，近似盗掘。何日章两次发掘，得到字甲 2673 片、字骨 983 片，共 3656 片。这些甲骨由关百益选拓编成《殷虚文字存真》八集，每集著录甲骨 100 片，第六、七集未出版。后来，又由孙海波精选 930 片编为《河南通志・文物志》之《甲骨文录》（河南通志馆，1937）。1937 年抗日战争爆发后，何日章所得甲骨及其他文物被选出 5000 件，分装 68 箱运往重庆。其中的精品 38 箱，1949 年被运至台湾。

1937 年 7 月 7 日日本发动全面侵华战争后，史语所在殷墟的发掘工作被迫停止，日本人则多次在殷墟进行所谓的调查、考古。1938 年春，大山柏率领庆义应塾大学文学部组织的北支学术调查团来安阳考古。1938 年秋，东方文化研究所水野清一、岩间德也等人来安阳侯家庄考察发掘。1940 ~ 1941 年，东京帝国大学考古学教师来安阳发掘。1942 ~ 1943 年，驻河南的日本军队也利用汉奸大肆盗掘殷墟，出土了很多文物，都运至日本。相关情况参考胡厚宣《殷墟发掘》（上海学习生活出版社，1955）第117~119页。

1937年以后，小屯村民也乘机盗掘，至1945年战后此盗掘之风也没有停止，此间出土很多青铜器、玉器、石器、陶器以及甲骨等物，其中最令人吃惊的是1939年武官村村民在小营西地盗掘出重达875公斤的司（后）母戊大方鼎。这时候新出土的甲骨，除流散国外的，留在国内的为数亦不少，多为京、津、宁、沪等地机构或个人购藏。抗日战争胜利后，胡厚宣在上述四地搜集购求甲骨、拓本，并借拓、摹写了不少材料。胡厚宣将所得材料整理，编印成了《战后平津新获甲骨集》、《战后宁沪新获甲骨集》、《战后南北所见甲骨录》、《战后京津新获甲骨集》等书。

非科学发掘的殷墟甲骨文的去向应该特别给予关注，也就是在私掘阶段出土的甲骨文的流传、著录情况。小屯村民私掘所得甲骨，经过古董商之手贩卖到各地甚至流失到海外。其间也有一些国内外收藏家亲自到殷墟收藏甲骨文。于是原本同在殷墟出土的甲骨文便流散于海内外众多的文博科研机构和收藏者手中。这可谓甲骨学史上的劫难，给科学整理、研究甲骨文造成莫大的损失。殷墟甲骨文的流传和收藏情况，胡厚宣《殷墟发掘》、《五十年甲骨文发现的总结》、《八十五年来甲骨文材料之再统计》、《大陆现藏之甲骨文字》等著作记述较为详细。下面介绍一下非科学发掘的甲骨流传情况。

王懿荣最早鉴定并收购甲骨文，他大概收购了

1500片有字甲骨。但在八国联军入侵北京时，王懿荣殉国难。他收藏的甲骨大部分卖给了刘鹗，一小部分赠天津新学书院，由美国人方法敛摹写编入1938年出版的《甲骨卜辞七集》（白瑞华校，纽约，1938年）。王懿荣后人曾经保存五百几十片，以及甲骨拓本三册，其中一册在北京师范大学图书馆，另两册在南开大学图书馆。1939年出版的唐兰《天壤阁甲骨文存》，著录甲骨108片，即是从这三册拓本中遴选的。现在王懿荣旧藏甲骨主要由天津市历史博物馆、中国社会科学院历史研究所、天津市艺术博物馆等十多家单位和个人收藏。

与王懿荣同时收购甲骨的还有王襄、孟广慧。1898年王襄和孟广慧从古董商范维卿处听说甲骨文的大概情形，以为是"古简"。1899年开始从范维卿手中购得有字甲骨，王襄后来陆续在京津购买甲骨，得四五千片。1925年王襄出版《簠室殷契征文》，著录甲骨1135片。1949年后，王襄所藏甲骨归天津市文化局，现藏天津历史博物馆，共计1166片甲骨。孟广慧所藏的430片甲骨，几经辗转，有400片现藏国家图书馆。丢失10片，剩下的20片于2004年7月4日由李鹤年在上海公开拍卖。

1901年刘鹗开始搜集甲骨文，花了两三年时间，刘鹗得甲骨约有五千片。1903年，刘鹗选拓甲骨1058片，编为《铁云藏龟》，这是第一部甲骨文著录书。1910年刘鹗因于1900年买仓粮赈民事获罪，流死新疆。刘鹗所藏甲骨也先后散出。其中1000多片卖给上海英国籍犹太人哈同的夫人罗迦陵，由王国维编为《戬寿堂所藏殷虚文字》，收甲骨655片。抗日战争期间，这批甲骨先卖给上海武进同乡会，后来700多片又归诚明文学院，胡厚宣选择未曾著录的重要甲骨编为《诚明文学院所藏甲骨文字》，收入1951年出版的《战后南北所见甲骨录》。1949年后，又归上海文物管理委员会，现藏上海博物馆。刘鹗旧藏的另一部分甲骨约1300片，于1925年曾售与叶玉森，叶玉森选了240片，编为《铁云藏龟拾遗》。叶玉森去世后，这批甲骨辗转卖给了上海市历史博物馆，1949年后由上海博物馆收藏。2010年上海博物馆研究员濮茅左编著的《上海博物馆藏甲骨文字》（上海辞书出版社）收录了此两部分甲骨。刘鹗所藏另外一部分由美国人福开森所得几十片，1933年由商承祚编为《福氏所藏甲骨文字》，这批甲骨后来归南京大学图书馆。一部分归吴振平100多片，1939年由李旦丘编为《铁云藏龟零拾》，现藏浙江省博物馆。一部分在1925年由商承祚与几个朋友合购2500片。商承祚从中选了600多片，于1933年编入《殷契佚存》。另外一些零星散见于今南京大学、复旦大学、中山大学、南京博物院、浙江省博物馆、苏州博物馆。

继王懿荣、刘鹗之后，罗振玉在甲骨材料的搜集和公布材料上做了不少工作。1907年罗振玉开始搜集甲骨，1909年收买了小屯村张学献地里出土的甲骨；1910年从中原商人处得见数千甲骨，他精选了700片，通过询问始知甲骨出土于安阳县西北五里的小屯村。

罗振玉在甲骨文中发现十多个“殷帝王名谥”，顿悟甲骨文“实为殷室王朝之遗物”。他认识到甲骨出土后容易损坏，为了抢救这些珍贵的文物和史料，遂让北京、山东古董商人前往安阳大力收购甲骨文，一年所得在万片以上。1911 年罗振玉又命其弟罗振常、妻弟范兆昌到小屯村就地收购甲骨，所得又超过 12500 片。罗振常《洹洛访古记》详细记载了考察小屯和收购甲骨的情况。同年罗振玉从所藏甲骨中选了 3000 多片，编成《殷虚书契前编》二十卷，前三卷 292 片先后在《国学丛刊》第一、二、三期上刊发。辛亥革命爆发后，《丛刊》停办，罗振玉东渡日本，将所有甲骨带走，在运输和检查过程中损坏了十之五六，所幸精品尚存有拓本。1912 年罗振玉重新编《殷虚书契前编》八卷。1914 年他将大骨和一些易碎的数十片照相精印，编成《殷虚书契精华》。1915 年罗振玉从其所藏数万甲骨中选出未曾著录的 1105 片，编为《殷虚书契后编》。1916 年罗振玉编印的《殷虚古器物图录》也著录甲骨 4 片。此后十多年中罗振玉一直大力收购甲骨文拓本，又得 3000 张左右。1933 年他从这 3000 张拓本中选了 2016 片，编为《殷虚书契续编》。罗振玉编印的几部书共著录甲骨 5346 片。罗振玉所藏甲骨，在 1927 年被他赠给瑞典斯德哥尔摩远东古物博物馆 26 片。1940 年罗振玉死后，他所藏的甲骨亦流散。1949 年以后，罗振玉旧藏甲骨有 2925 片现藏旅顺博物馆，1315 片归济南山东古代文物管理委员会（现藏山东省博物馆），394 片归沈阳东北博物馆（今辽宁省博物馆），206 片归吉林省博物馆，484 片现藏吉林大学历史系，77 片现藏东北师范大学历史系，461 片现藏国家图书馆，15 片现藏故宫博物馆。此外，罗振玉旧藏甲骨还卖给日本 5745 片，其中数量较大的有日本京都大学人文科学研究所 3599 片、天理参考馆 809 片、东京国立博物馆 225 片、东京大学考古学研究室 113 片、富冈谦藏 800 片。

国内较早搜集甲骨文的还有端方，到 1904 年端方所购有字甲骨达千版。到了他后人手里还存有 400 片，都未曾著录过。端方旧藏甲骨现分别由国家博物馆、国家图书馆、中国社会科学院历史研究所、陕西师范大学、陕西省博物馆、北京大学、清华大学、重庆市博物馆等八家单位收藏（胡厚宣《大陆现藏之甲骨文字》）。1949 年前大量搜集殷墟甲骨的还有刘体智（刘晦之，号善斋）。据胡厚宣先生统计，去伪缀合后，刘体智所藏甲骨达 28147 片。刘体智旧藏甲骨现今藏于国家图书馆。经古董商范维卿之手，黄心甫约购 600 片，大概于 1935 年由其子黄濬编入《邺中片羽》。徐坊约购得 1400 片甲骨，后卖给燕京大学，1933 年由容庚、瞿润缗编为《殷契卜辞》；还有一小部分卖给了福开森，编入《福氏所藏甲骨文字》。霍保禄购藏 463 片甲骨，1922 年捐给北京大学研究所国学门，曾经由唐兰编成《北京大学藏甲骨刻辞》，但未出版。方地山也得 300 片，归其后人方曾寿，1954 年 10 月曾经在扬州文物管理委员会展览。

非科学发掘甲骨时期，外国人收购甲骨的情况应该特别注意，外国人收购甲骨以日本、加拿大、英国、美国数量为多。

日本人收购甲骨的情况，1909 年或溯至 1908 年前后，东京文求堂主人田中庆太郎（号救堂）最早从中国买入殷墟甲骨约百片，林泰辅从中买了 10 片左右，后来又购入 600 片。不久，三井源右卫门购得约 3000 片。此后日本购藏甲骨之风渐兴，拥有 50 ~ 100 片甲骨的人很多，但藏品最多的是三井源右卫门。松丸道雄《日本收藏的殷墟出土甲骨》，载于《东洋文化研究所纪要》第 86 册，1981 年 11 月，宋镇豪翻译成中文，刊于《人文杂志》1988 年第 4 期。介绍了日本收藏殷墟甲骨的情况。如林泰辅从诸家甲骨实物拓片中选了 1023 片编成《龟甲兽骨文字》一书，于 1921 年出版，是日本第一本甲骨文著录书。1918 年，林泰辅亲自到安阳小屯村调查殷墟，搜求甲骨，记载甲骨出土地所在区域的风土人情，回国后作《殷虚遗物研究》。日本所藏甲骨，除直接购买搜集外，还有罗振玉的旧藏。辛亥革命爆发后，罗振玉避居东京，将其所藏甲骨卖给日本人不少，如上文提及的京都大学人文科学研究所的一批即是。1931 年“九一八”事变后，殷墟出土文物不断被盗运到日本，其中也包括甲骨。如 1940 年出版的梅原末治编著的《河南安阳遗宝》一书著录甲骨 144 片。殷墟甲骨流失到国外的，日本所藏占第一位，其数量，胡厚宣、松丸道雄都做过统计。近年，孙亚冰《百年来甲骨文材料再统计》一文，发表于《故宫博物院院刊》2006 年第 1 期，统计目前日本所藏甲骨数目，应为8034片。

加拿大人搜集的甲骨，主要由明义士和怀履光两人从中国购得。1914年，明义士在安阳做长老会牧师时，听说殷墟出甲骨文字，常骑马于洹河南岸考察殷墟古物出土情况，开始他并不了解甲骨，买到的大骨都是新牛骨仿制的，不久就腐臭了。后来他转而买小片，逐渐成为辨伪能手和甲骨专家。1917年明义士编成《殷虚卜辞》一书，称所得甲骨已经达到5万片。后来他还购买了殷墟1923、1924、1925、1926年出土的四批丰富而重要的甲骨。1927年，军阀混战波及安阳，明义士所藏甲骨被毁坏了很多，但所藏甲骨仍有近4万片。1928年，明义士从后得到的甲骨中选了千余片，请人拓了5份，分别赠送给马衡、容庚（又先后归于省吾、清华大学、北京大学）、商承祚（抗日战争中丢失）、曾毅公（后归加拿大多伦多大学图书馆），并自存。明义士曾将拓本编为《殷虚卜辞后编》，但直至其去世也未出版，后经许进雄编辑，1972年由台北艺文印书馆出版。1932～1936年明义士于齐鲁大学教书，1936年，明义士休假回国，因为日本侵华等原因，明义士再也没有来到中国。他所藏甲骨大部分留在了中国，另有部分在加拿大和英国。据宋镇豪、刘源著《甲骨学殷商史研究》载，明义士所收藏的甲骨现今保存在六个单位和两个个人手中，即山东省博物馆3668片，南京博物院2369片，故宫博物院20364片，加拿大皇家安大略博物馆4700片，加拿大维多利亚艺术博物馆5片，英国维多利亚与阿尔伯特博物馆20片，英国孟克廉医生68片，英国柯文4片。

英美人搜集甲骨最多的是库方二氏。库寿龄是英国浸礼会驻青州传教士，方法敛是美国长老会驻山东潍坊县传教士，此二人在山东潍坊购买很多甲骨，他们曾经把400片转卖给英国人在上海所办的亚洲文会博物馆，现存小片甲骨193片。1934年曾经由英国人吉卜生摹写，以《上海亚洲文会博物馆藏甲骨文字》为题发表于《中国杂志》第21卷6期（1934年）。他们又把79片让给潍县英美教会办的广文学堂（齐鲁大学前身）校长柏根，后归济南英美教会办的广智院。1949年后，广智院由政府接管，改为自然博物馆。1935年明义士曾经将这批甲骨整理，编成《柏根氏旧藏甲骨文字》出版（济南，齐鲁大学国学研究所，1935年）。亚洲文会博物馆和柏根氏两批甲骨材料，又收入方法敛《甲骨卜辞七集》。1904年库方二氏分批购买了从小屯村朱家14亩地出土流到山东的甲骨，1908年方法敛又代英国驻天津总领事金璋在山东收购甲骨，一次曾替他买800片好的甲骨，由方法敛摹写编为《金璋所藏甲骨卜辞》（1939年出版）。金璋旧藏甲骨850片，现藏英国剑桥大学图书馆，去除伪片后得622片。1909年方法敛又把438片甲骨卖给美国卡内基博物院。同年，库寿龄把1777片甲骨赠给了皇家苏格兰博物院。库方二人后来又买了485片甲骨，484片现藏大英图书馆东方手稿与印本部。1913年，方法敛又把大片四版卖给美国飞尔德博物院。这四批材料于1935年由方法敛摹写，出版《库方二氏藏甲骨卜辞》一书。据孙亚冰《百年来甲骨文材料再统计》一文，英国所藏甲骨去掉伪片，保守估计也应该有2736片。美国所藏甲骨也有1831片。德国所藏甲骨共计535片、俄罗斯藏199片、瑞士藏69片、瑞典藏111片、法国藏59片、新加坡藏28片、荷兰藏10片、新西兰藏10片、比利时藏7片、韩国藏7片。

（2）科学的发掘阶段。

从1928年中央研究院历史语言研究所（以下简称史语所）开展殷墟考古至今，科学的发掘工作一直在进行。对于甲骨文材料有很多重大发现，与私人发掘相比，科学发掘的甲骨具有很多特点。首先，甲骨保存完好。私人滥挖之下，古脆的甲骨极难得到全版，残碎甲骨再经贩卖，藏于不同的地方，再想缀合复原甲骨原貌实在困难。科学发掘的甲骨，经过精心的揭取，材料集中，不会太过折损，便于粘对、缀合。其次，出土地点、地层明确，同出器物清楚。甲骨的出土地点、层次及同出器物等信息，对于判断甲骨的时代十分重要。最后，科学、集中的著录。科学发掘的甲骨经过编号、拼合、粘对、墨拓、照相等工作，可以整批的公布材料，能够全面反映甲骨各方面的信息，便于研究工作。以下分三个部分介绍甲骨文的科学发掘情况。

1928～1937年史语所的15次发掘。

第一次发掘为试掘，时间从1928年10月13～30日，地点是小屯村东北、村北、村中，出土有字龟甲555片，有字骨299片，共计甲骨854片。

第二次发掘从1929年3月7日至5月10日，地点为小屯村中、村南、村北，开坑43个，获字甲55片，字骨685片，共计740片。

第三次发掘，时间从1929年10月7~21日及11月15日至12月12日，地点在小屯村北高地和小屯村西北的霸台，出土有字甲2050片，字骨962片，共计甲骨3012片。著名的“大龟四版”（考古发掘中第一次发现的比较完整、刻辞较多、内容重要的大版卜甲）以及牛头骨、鹿头骨刻辞就是这次发现的。

第四次发掘，时间从1931年3月21日至5月12日，工作地点在小屯村北，同时也发掘了后岗和四盘磨。出土字甲751片，字骨31片，共计甲骨782片。并发现一个鹿头骨刻辞，以及后岗发现一片字骨，这是小屯村以外首次发现的甲骨文。

第五次发掘，时间从1931年11月7日至12月19日，工作地点在小屯村北和村中，获得字甲275片，字骨106片，共计381片，其中1片为牛肋骨刻辞，十分罕见。

第六次发掘，时间从1932年4月1日至5月31日，工作地点在小屯村北，获得字骨1片。

第七次发掘，时间从1932年10月19日至12月15日，工作地点在小屯村北，获得字甲23片，字骨6片，共计甲骨29片。发现1块用毛笔墨书“祀”字的白陶器残片。

第八次发掘，时间从1933年10月20日至12月25日，工作地点在小屯村北，获得字甲256片，字骨

1片，共计甲骨257片。

第九次发掘，时间从1934年3月9日至4月1日，工作地点在小屯村北，获得字甲438片，字骨3片，共计甲骨441片。由于洹北侯家庄村民盗掘出几十片甲骨，4月2日至5月31日改在侯家庄南地发掘，获得字甲8片，其中包括著名的“大龟七版”，字骨8片，共计16片。另向侯家庄村民征购字甲1片，字骨30片（胡厚宣《殷墟发掘》，第70～73页）。侯家庄是小屯村以外第二个发现甲骨文的地方。

1934年秋第十次发掘、1935年春第十一次发掘、1935年秋第十二次发掘，重点在侯家庄西北冈墓地，有重大收获，但未见甲骨文。其中第十一次发掘获得1个石簋残耳，上刻有12个文字。在第十二次发掘中发现铜盂上刻有4字。这说明商代文字的应用已经很普遍，并不限于甲骨文。

第十三次发掘，时间从1936年3月18日至6月24日，地点在小屯村北，此次发掘的最大收获是发现H127坑，这个坑里堆满了甲骨，龟甲17088片，牛骨8片，共计17096片，其中完整的龟甲近300版，加上其他坑所出甲骨，本次发掘共获得字甲17756片，字骨48片，共计17804片（《殷墟发掘》，第98～101页）。H127坑甲骨的发现大大增进了学者对于殷墟甲骨和商代历史文化的认识。

第十四次发掘，从1936年9月20日至12月31日，地点在小屯村北，获得字甲2片。

第十五次发掘，从1937年3月16日至6月19日，地点在小屯村北，获得字甲 549 片，字骨 50 片，共计 599 片。

在殷墟发掘不断取得重大发现，相关研究越来越深入的时候，1937 年 7 月 7 日，日本发动了全面的侵华战争，史语所在小屯的工作被迫结束。总计上述 15 次科学发掘，共获得有字甲骨 24922 片，其中字甲 22718 片，字骨 2200 片，刻辞牛头骨 1 个、刻辞鹿头骨 2 个、刻辞牛肋骨 1 个。

1949 年之后的历次发掘。

中华人民共和国成立以后，殷墟考古工作继续开展，从 1950 年开始至今，经过 60 多年的发掘，基本确定了殷墟的范围，弄清楚了宫殿宗庙区、王陵区、居住遗址、墓葬区、铸铜作坊遗址、制骨作坊遗址等各种遗址的分布情况。在甲骨方面，既有零星陆续发现的数字组成的刻辞，也就是古代的易卦，以及若干有字龟骨文字，其中有些属于习刻性质。其间更有小屯南地甲骨、花园庄东地甲骨等重大发现。以下重点介绍小屯南地甲骨和花园庄东地甲骨。

1973 年 3～12 月，中国科学院考古研究所安阳工作队两次发掘小屯南地，出土有字甲骨 5335 片，其中卜甲 75 片、卜骨 5260 片、牛肋骨 4 片、未加工骨料 8 片，后来又缀合 530 片，实得 4805 片。这次发现的 4805 片甲骨是 1949 年至今殷墟发掘中出土有字甲骨最多的一次，其中基本完整的牛胛骨达 100 多版，是 1928 年科学发掘甲骨以来所仅见。这批甲骨内容丰富、出土地层明确，极大地促进了甲骨学的研究，特别是在甲骨断代方面，解决了师组、子组、午组卜辞的时代问题；使“历组卜辞”的时代成为学术界激烈讨论的焦点问题。

1989年，中国社会科学院考古研究所安阳工作队（以下简称安阳工作队）在小屯村中发掘，获得有字骨294片（刘一曼《安阳殷墟甲骨出土地及其相关诸问题》，《考古》1997年第5期）。1991年10月，安阳工作队配合基建进行考古钻探，在花园庄东地发现一个堆积有甲骨的长方形窖穴（编号为91花东H3），整坑甲骨被连土装箱运回考古工作站清理，揭取甲骨1583片，其中有字甲骨689片（卜甲684片、卜骨5片），这是1928年以来继H127坑、小屯南地甲骨以后的第三次甲骨大发现。这批甲骨的占卜主体是称作“子”的贵族，属于“非王卜辞”，其内容丰富，对于甲骨文例、文字考释、甲骨断代、商代的家族形态、学校教育、疾病医疗、殷礼、地理等方面的研究都有重要的史料价值。

2002年6~8月，安阳工作队在殷墟发掘，于1973年发掘地点的东部出土甲骨600多片，其中有字甲骨228片。内容涉及祭祀、征伐、天象等。多为午组卜辞，有部分甲骨属于“历组卜辞”，由于出土地层清楚，对解决历组卜辞的时代问题有促进作用，对于研究商代家族、社会有重要的史料价值（中国考古学会编《中国考古学年鉴2003》，文物出版社，2004年，第228页；岳占伟《安阳殷墟新出土甲骨600余片》，刊于2002年10月25日《中国文物报》）。这部分甲骨由刘一曼先生编入《殷墟小屯村中村南甲骨》一书，即将出版。

从1950年至今，考古工作者在殷墟共发现有字甲骨 6495 片。此外殷墟以外在 20 世纪 50 年代以来也陆续有甲骨文发现，主要是 1953 年在郑州二里冈遗址出土的 1 片有字的牛肋骨，2003 年山东大学东方考古研究中心等在济南大辛庄发掘，发现有字卜甲 7 片，其中 4 片可以缀合为 1 版较为完整的龟腹甲，复原长度大约 24 厘米，属于大龟。上刻卜辞 16 条，共 34 字，另有 2 个兆序数字。卜辞的内容主要是用豖祭祀母以求避祸。时代相当于商王祖甲至廪辛时期。

西周甲骨文的发现与发掘。

西周甲骨文自 20 世纪 50 年代始有发现，至今已经有不少重要发现。1954 年，山西省洪赵县坊堆村周代遗址里发现有字卜骨 1 片，正面刻辞 1 行 8 字。1956 年，陕西省长安县张家坡西周遗址出土 3 片有字卜骨，卜骨正面有一横一纵两行 12 个数字，乃两个数字卦。1955 ~ 1957 年在该遗址中又发现 1 片有字卜骨，上面刻有很细的 1 行 6 个数字，是一个数字卦。在该遗址中出土的另 1 片有字卜骨，也刻有两行 12 个数字，组成两个数字卦。1975 年北京昌平白浮村周初燕国墓地出土一批甲骨，在 M2 中发现残碎卜甲数十片，其中刻字的两小片；在 M3 中发现卜甲约百片，其中 1 片刻“其祀”，1 片刻“其尚上下韦驭”，另 1 片刻有“史告”二字。1977 年春，陕西省岐山县凤雏村西周甲组宫殿建筑基址西厢二号房窖穴 H11 和 H31 内出土大量西周甲骨，共计 17275 片，其中卜甲 16371 片、卜骨 678 片，有字甲骨为 293 片，全部字数为 903 个，合文 12 个。近年经曹玮先生进一步研究认为有 58 片非人为刻划，16片非字，7片在加固时粉化，另有19片可以缀合为9片，故现在这批甲骨中有字甲骨数目为202片（见曹玮主编《周原甲骨文》，世界图书出版公司，2002）。

1979～1980年，陕西省扶风县齐家村发现、采集西周甲骨22片，其中有字甲骨6片，总字数为102字。1980年代末，在北京市房山县镇江营西周燕文化遗址曾出土1块西周早期卜骨，上有6个数字组成的数字卦两行，依据《周易》可以定为“蒙”、“临”二卦符号。

1991年6～9月，河北省文物研究所和邢台市文物管理处在邢台市区西北部南小汪发掘，得到1片有字卜骨，共4行10字。1996年，北京市房山县琉璃河燕都遗址一灰坑内发现西周甲骨数十片，其中有字卜甲3片（1997年1月12日《中国文物报》第1版）。2002年，陕西省考古所、中国社会科学院考古研究所、北京大学考古文博学院联合考古队在陕西扶风齐家村再次发现西周卜骨13片，其中有字卜骨1片，正面有6行37字，其中3行18字是3个数字卦，另外3行是卜辞。对于了解周代的贞卜筮占活动很有帮助。2003年12月，北京大学考古文博学院师生在陕西省岐山县周公庙遗址进行考古调查时，发现2片西周龟背甲，分别有17、38字。2004年周公庙考古队又在该遗址范围内庙王村北、祝家巷村北清理出卜甲700多片，并做了缀合。到2005年春节前，已经将760多片卜甲缀合为500多片，其中有刻辞的99片，可以识别的文字达

495 字。周公庙甲骨文中出现的重要人名有“周公”、“王”、“太保”；地名有“周”、“新邑”等，并且有“周公贞”的卜辞。2008 年 9 月 1 日至 12 月中旬，周公庙考古队在周公庙遗址的庙王村东、祝家巷北、折树棱 3 个地点进行发掘，在祝家巷清理东南—西北走向的大沟时，发现卜甲 7651 片，绝大多数为碎小残片，残存面积一般在 3 平方厘米左右。卜甲的修治方法与周原甲骨的卜甲特点相同。初步整理有字卜甲 685 片，初步辨识出刻辞 1600 字。从现存刻辞内容来看，可初步归纳为人物、方国、祭祀、战争、纪年与历法、占梦、筮法等。目前周公庙遗址所见西周甲骨文已经达 2200 字，加上以往发现的周代甲骨文，西周甲骨文已经有 3300 字左右。

二　甲骨文资料的整理与公布

整理甲骨文的方法

甲骨文材料的整理与公布，在甲骨学上称为甲骨文著录。甲骨文著录主要是通过墨拓、描绘、照相、文字叙述等方法把甲骨文客观地记录公布在纸张、网络等媒介上的工作。甲骨文材料包括甲骨文字、甲骨本身的形状、卜甲、卜骨上卜兆和钻凿、甲骨上雕刻的花纹等信息。整理这些材料，忠实的记录下来，为甲骨的缀合、断代、文例、文字考释、证史等方面的甲骨学研究提供全面细致的材料。甲骨文资料的整理与公布包括殷墟及殷墟以外的商代甲骨文、西周甲骨文材料的整理。甲骨文材料的整理与公布是甲骨学研究的基础工作，是甲骨保存、整理、研究工作的总结和成果展示。甲骨文发现 110 年来甲骨文材料的整理与公布经历了逐渐改进完善的过程，整理方法逐渐由早期的粗疏发展向后来的严密和完备，与甲骨学各项研究的发展始终同步，反映了甲骨文考释、甲骨文断代、科学发掘等多方面的成果。甲骨文材料的整理与公布具有抢救甲骨材料的学术意义。甲骨经过数千年的地下埋藏，朽脆易碎，出土之后又经过贩运，经过多处流传，加上保管不善、战争和社会动荡等破坏因素，难免损坏丢失，如果不及时整理公布，世人将无法目睹、研读这些珍贵的学术资料。甲骨文作为数千年前商代的占卜实录，其文物价值是无可替代的，将其材料整理公布，在文物保护等方面具有重大意义。

目前记录甲骨材料的方法主要有摹绘、墨拓、照相三种方法，所得的结果相应地称作摹本、拓本、照片或相片。摹本由人手绘制，在记录甲骨文、钻凿、卜兆等信息时最为清晰，尤其是字小笔画纤细的甲骨文，摹本是必不可少的，但准确性在三种方法中最差。拓本能准确地记录甲骨文和甲骨形态等信息，但有的拓片清晰度不够，也不能较好地记录卜兆和钻凿等信息。对于绝大多数甲骨来说，墨拓是必备的著录方法，照片也能准确地记录甲骨文、钻凿、卜兆等各种信息，尤其是对于一些不便施拓或墨拓效果不好的甲骨较为有效。对于所有甲骨来说，照相都是应该采取的著录方法，对于字小笔画纤细的甲骨文来说，放大照片更是一种较好的记录方法，如《周原甲骨文》就是放大20倍后著录的。著录甲骨材料最理想的方法是将摹绘、墨拓、照相三者结合起来，以摹本、拓本、照片三种形式全面准确地记录甲骨文及甲骨上的卜兆、钻凿等信息。早期整理甲骨文主要以墨拓为主，如刘鹗《铁云藏龟》(1903年)，罗振玉《殷虚书契》（1913~1916年）等；也有摹绘的，一般是外国人做的，如明义士《殷虚卜辞》(1917年),方法敛《库方二氏藏甲骨卜辞》(1935年)、《甲骨卜辞七集》等,采取照相的很少,而且主要是出于保护甲骨或墨拓不便等原因,如罗振玉《殷虚书契精华》(1914年)、郭沫若《卜辞通纂》别录二《日本所藏甲骨择优》(间有拓本,1933年)。后来逐渐有了墨拓、拓照俱全,乃至摹拓照三位一体的著录成果。摹拓俱全的如明义士《柏根氏旧藏甲骨文字》(1935年),董作宾《殷虚文字外编》14家藏品(1956年);拓照俱全的如于省吾《双剑誃古器物图录》中四版有字甲骨(1940年),贝塚茂树《京都大学人文科学研究所藏甲骨文字》(1959年,以拓片为主,部分精品有照片);摹拓照三位一体的如伊藤道治《日本所见甲骨录》(1977年)中所录小川睦之辅等个人和单位藏的84件藏品。后来科学发掘的甲骨材料,经过较长时间细致完备地整理,也很好地做到了拓片、摹本、照片三者俱备,如近年出版的《殷墟花园庄东地甲骨》(云南人民出版社,2003),并且书中的甲骨摹本摹绘卜兆、照片有局部特写,保证了准确全面地记录甲骨材料的各种信息。

而甲骨文材料的整理和公布有其发展的历史,在110年的时段内,甲骨文材料的整理方法逐渐成熟,这有赖于甲骨学者的探索和研究的深入。

私人发掘甲骨文资料的整理与公布

从1903年《铁云藏龟》问世,甲骨文告别了古董成为研究的珍贵材料。《铁云藏龟》一般认为是由罗振玉拓墨编印的，从刘鹗所藏5000多片甲骨中选出1058片（去掉伪片、重片后1051片），共分六册，采用石印，甲骨拓本不太清晰，也有若干片较好。所收多为卜甲，时代以武丁时期为主，出自小屯村北刘家20亩地中。后来《铁云藏龟》还有几个版本，1931年上海蟫隐庐翻刊石印本，与《铁云藏龟之余》合刊，共六册。拓片旁附鲍鼎释文，但错误较多。1959年台北艺文印书馆重印《铁云藏龟》，附有摹本，但是原拓片模糊者，摹本也做不到准确清晰。1975年严一萍编著《铁云藏龟新编》，他陆续花费15年时间从后出的甲骨著录书中辑出《铁云藏龟》的重印清晰拓本约400片，替换掉原书中模糊拓本，并增补背拓、加以缀合、去重、去伪，得甲骨1043片，每片甲骨皆有拓本、摹本，按照分期分类编排全书甲骨，按照卜事细则分为48类。《新编》从内容与体例上确实是一部新作，各片甲骨都标有原编号，又注出各著录书中曾经收录的编号，但是不足的是没有新、旧编号对比和重见号索引。对于《铁云藏龟》的版本、材料的伪刻、重片、缀合，以及具体的研究可以参考白玉峥《铁云藏龟识小录》（载于《中国文字》新二期，台北艺文印书馆，1980）。

罗振玉的《殷虚书契》（即《殷虚书契前编》）、《殷虚书契精华》、《殷虚书契后编》。罗振玉所编《殷虚书契前编》有几个版本，其中以1913年珂罗版影印双宣纸本八卷，线装四册为通行本。这是罗振玉在日本花费一年的时间编成的本子，著录甲骨拓本2229片。拓片清晰，内容丰富，全书甲骨大致按照人名、地名、岁名、数名、文字等类次序编排，有不少重要的材料。但《前编》也有与其他书著录相同的拓片；还有一些拓片经过剪裁；另有一些甲骨未拓全，或者未拓骨臼或反面刻辞。这也在一定程度上影响了甲骨文材料的使用。

罗振玉于1914年编著《殷虚书契菁华》，珂罗版影印，线装一册，收甲骨68片。这是罗振玉所藏4片最大的牛骨和脆弱易损未施拓的小片甲骨的照片集。4片大骨正反都有长篇刻辞，大字涂朱，是十分珍贵的商代史料。那些小甲骨因字体较小，也有不少照片模糊不清。

罗振玉编完《殷虚书契前编》之后，又选拓剩余的藏品，编为《殷虚书契后编》，1916年以珂罗版影印出版。分上下卷，线装一册。1970年台北艺文印书馆翻印一次。《后编》共著录甲骨拓本1104片。《后编》中也有不少重要材料。罗振玉还辑戬寿堂藏甲骨、王襄、北京大学、马衡等所藏甲骨拓本，加上他自己历年手拓古董商手中甲骨所得，共1591片，编成《殷虚书契续编》，1933年以珂罗版精印六卷，线装六册出版。《续编》编排拓片亦以事类为原则，虽与他书著录重片较多，但能弥补其他著录书印制和拓本处理方面的不足，也是很有价值的。关于《戬寿堂所藏殷虚文字》前文已经介绍过了，此不赘述。

郭沫若的《卜辞通纂》和《殷契粹编》。郭沫若编著的《卜辞通纂》是甲骨文分类著录方法的早期代表作，收录日本所藏甲骨佳品，并以适合初学者学习而著称。1933年东京文求堂石印本，线装四册。1983年《卜辞通纂》作为《郭沫若全集考古编》第二卷由科学出版社再版。再版本增加了郭沫若的一些校语、注释和傅学苓重编的索引，对不清晰的拓片和照片也做了更换或附摹本的工作。《通纂》分为图版和考释两部分，书后附有干支表。图版部分由三部分构成：卜辞通纂、别录一、别录二。卜辞通纂部分收甲骨800片号，其中缺340～347片，实收792片。别录一收录42片，别录二收录《日本所藏甲骨择优》，以照片形式发表共87片。《通纂》考释部分极具特色，即常画出甲骨形状，直接将释文写于其上，并以虚线表示界划，极便于初学者对照拓片学习。虽然《通纂》正文部分选录的是以往著录过的拓本，所增者唯缀合部分，但其价值主要在于按照清晰的分类编排甲骨，其顺序为干支、数字、世系、天象、食货、征伐、畋游、杂纂，这是在前人基础上纯以内容分类的体系，其用意在于：便于初学者由浅入深了解卜辞内容；以研究中国古代社会为整理卜辞之宗旨，比之前人分类要好。郭沫若编纂的《殷契粹编》是从刘体智所藏甲骨实物拓本约2.8万片中选出1595片精华，1937年5月由东京文求堂石印出版，线装五册，其中图版两册，考释三册。书后附有索引、殷代世系表和干支表。1965年中国科学院考古研究所将《殷契粹编》列为考古学专刊甲种第十二号，遵照郭沫若意见做了一些加工，由科学出版社出版。这个版本中的图版全部更换为1953年考古研究所新拓的善斋旧藏甲骨拓本，原书一骨分贴两处的，骨、臼分离的尽量并为一个号。补上了从前未著录的骨的臼部，反面有刻辞而从前未著录的。采用的新拓片都用甲骨原形拓全，有些拓本增加了刻辞，由胡厚宣考释附于书后。于省吾校阅了全书，他的校读意见凡是郭沫若同意的都加在了书眉上。科学出版社重新编了索引。这个版本的《殷契粹编》是最好的版本。拓片编排大致按照世系、数字、天象、食货、畋游、吉凶、干支、杂纂等，1535号以下为后增补者，未分类。《粹编》所收重要材料，可参见郭沫若的自序。基本上将刘体智所藏甲骨精品收入，但也漏掉了“四方风名”刻辞，《殷契粹编》也还有一些误缀的情况。

商承祚的《殷契佚存》，以印刷精良、材料重要、著录雕花骨柶刻辞著称。1933年金陵大学中国文化研究所丛刊甲种珂罗版影印本，二卷，线装两册。上册为商承祚、董作宾、唐兰序及拓本图版，下册为凡例和考释。是书收录甲骨拓本1000片，间有照片。《佚存》中有不少重要材料，如518、426、427三块骨，都是一面雕刻花纹，一面刻辞。427骨文字花纹中还镶嵌着绿松石。其刻辞都是记事文字。426与518花纹、文字皆同，记载商王狩猎获兕、赏赐臣子宰丰之事。427记述的是获白兕之事。但遗憾的是这三则重要材料后来都未收入《甲骨文合集》中。当然《佚存》也有与以往著录重复以及本书自重的情况，也存在拼黏拓本的问题。可以参考陈炜湛《读〈殷契佚存〉记》

（载于《甲骨文论集》，上海古籍出版社，2003），白玉峥《殷契佚存概论》（刊于《中国文字》新十一期，台北艺文印书馆，1986）。

胡厚宣对甲骨文材料的搜集整理。1940 年胡厚宣执教于齐鲁大学以后，搜集甲骨，用力颇勤，于 1945 年出版《甲骨六录》一书，成都齐鲁大学国学研究所专刊，列为《甲骨学商史论丛三集》，石印本，线装一册，1983 年台北大通书局曾经翻印。是书收录甲骨拓本、摹本 670 片，按照先分期再分类的原则编排甲骨拓本、摹本。先分为武丁、祖庚祖甲、廪辛康丁、武乙文丁四期，每期按照天象、祖先、祭祀、征伐、田猎、人物等事类排比。后来他编辑的《战后平津所获甲骨集》、《战后宁沪新获甲骨集》、《战后南北所见甲骨录》、《甲骨续存》等书，以及他任总编辑的《甲骨文合集》都按照先分期再分类的编排原则。《甲骨六录》在考释部分还注出每版是甲还是骨，是腹甲还是背甲以及文字行款、时代，是否涂朱涂墨，是否记事刻辞等信息。《甲骨六录》印制不精，拓本不清，印行量少，流传不广。抗日战争胜利后，胡厚宣是搜集、著录甲骨最勤的学者。他往来于各地，购买、墨拓、摹录了大量甲骨材料，先后编成《战后平津所获甲骨集》、《战后宁沪新获甲骨集》（1951 年由来薰阁书店出版，三卷，线装两册，著录胡厚宣在南京、上海两地所获甲骨的摹本共 1143 片）、《战后南北所见甲骨录》（1951 年由来薰阁书店出版，线装三册，著录甲骨摹本 3276 片）、《战后京津新获甲骨集》（1954 年由上海群联出版社出版，线装四册，著录甲骨拓本5642片）、《甲骨续存》（上海群联出版社，1955，珂罗版印刷，平装三册。分为上下编，上编两册收录甲骨拓本2755片；下编一册收录甲骨摹本998片，是书共著录甲骨3753片，是书后附“采录资料索引表”，详列本书甲骨来源）五部专书，剔除重复著录、重片、伪片实为10924片。

到20世纪50年代中期，殷墟甲骨文资料的专书和零篇已有100种左右。这些资料由于在各地刊印，加之印数又少，很难有学者能够完全看到材料。又因为过去工作条件差、印刷水平不高，使得当时出版的有些甲骨文资料、书籍存在着一些无法弥补的缺陷。如初印本《铁云藏龟》印制不清，而描摹本《铁云藏龟》又有错误。王襄的《簠室殷契征文》有将拓本割裂，使人不见全貌而怀疑其伪的问题。《殷虚卜辞》摹本不准确，《殷虚书契后编》有的拓本不全，《库方二氏藏甲骨卜辞》杂有伪片，《殷契佚存》的印本较原拓为小，《战后京津新获甲骨集》等书相互重复不少；存在同一骨的正、反、骨臼，同一甲的正反，不在一处甚或分散于不同书中的情况。大多数的著录书都没有将拓片分期分类排列，还有已经出土的有字甲骨并未全部墨拓，已经墨拓的也并未全部发表等情况。

3 科学发掘甲骨文资料的整理与公布

前文已经谈到了史语所组织的15次殷墟发掘工

作，其中发现甲骨的情况已作了大致的介绍。那么，这15次发掘所得甲骨文资料又是如何整理公布为学界所使用的呢？由于殷墟发掘工作是受日本发动的全面侵华战争的破坏而被迫停止的，15次发掘所得甲骨尚未来得及整理公布，就被迫转移到安全的地方。直到1948年，前9次发掘所得甲骨才由董作宾、李济、梁思永编辑，以拓片图版形式，由史语所列入《中国考古报告集》之二丛书中出版，书名《小屯：河南安阳殷虚遗址之一·第二本·殷虚文字甲编·图版》，由商务印书馆出版，影印本一册。1976年台湾历史语言研究所把《殷虚文字甲编》重印，1998年又影印。是书图版329幅，收录有字甲骨3866片，其中字骨1899、字甲2467片。但是拓本号是3942，就是除上述甲骨外还有三个兽头骨刻辞，以及上述甲骨的反面或骨臼。每一片甲骨编号之下，都有发掘时的原编号，可以显示发掘的次数和甲骨的类别。《殷虚文字甲编》收录很多重要的材料，其缺憾是未向读者说明甲骨的具体坑位，仅标明“小屯村中”、“村北”等范围较大的地点。这是第一部著录科学发掘甲骨文材料的著作，编排时没有经过人为的分期分类，而是按照发掘时间和坑位为序，与著录私掘甲骨的著作有很大的不同。《甲编》只有图版，1961年出版了屈万里先生所作的《殷虚文字甲编考释》，对《甲编》材料进行了初步的整理与研究，是书除了释文外，还做了大量的缀合工作，缀合了223版，用于缀合的碎片包括《甲编》漏掉未发表的材料，以及从前其他书著录过的材料，缀合所得作为附录附于全书之后，还做了一些《甲编》图版的补遗工作。《殷虚文字甲编考释》对每片甲骨及其特征有较为详细的描述，并尽可能的定其时代，以文字记录甲骨形态的做法为读者提供了更多的信息，为以后著录科学发掘甲骨创立了一种较好的方法。《殷虚文字甲编考释》亦未说明甲骨的出土坑位及钻凿形态，但它是使用《甲编》材料必不可少的参考书，值得重视。第十三次至第十五次发掘所得有字甲骨 9105 片，史语所以《中国考古报告集》之二丛书形式出版，书名为《小屯：河南安阳殷虚遗址之一·第二本·殷虚文字乙编·图版》上中下辑，共三册，上辑 1948 年出版，中辑 1949 年出版，下辑 1953 年出版。1994 年台湾历史语言研究所曾经重印《乙编》。《乙编》下辑又有 1956 年中国社会科学院考古研究所影印本。《乙编》中材料有两点颇受学者重视，一是 H127 坑甲骨，该坑甲骨特色鲜明，刻辞内容丰富，极大地促进了甲骨文例的研究。二是董作宾所谓的“文武丁”卜辞，即师组、子组、午组卜辞。这些卜辞的时代经过学者多年的讨论，最终定在武丁时期。其中的午组、子组卜辞又属于所谓的“非王卜辞”，对于认识殷墟甲骨文与商代社会很有裨益。第十三至十五次殷墟发掘所得整版甲骨很多，但由于抗日战争时期史语所辗转迁徙的影响，已经拼对的甲骨复又散碎混杂，《乙编》制作拓本时，限于条件也没有重做缀合的工作。所以《乙编》中多小片，这有碍于这批珍贵材料的充分利用。有鉴于此，史语所迁至台湾后，把缀合《乙编》甲骨作为重要工作，其重要成果就是张秉权编著的《殷虚文字丙编》，台湾历史语言研究所出版，分上中下三辑，每辑两册，共六册。每辑图版与考释同时发表。六册出版的时间分别是 1957、1959、1962、1965、1967、1972 年。曾于 1992 ~ 1997 年再版。《丙编》将《乙编》中甲骨与编余甲骨进行缀合，重新墨拓和考释，共著录甲骨 632 版，主要是拓本，也有照片，图版印刷精良，比《乙编》清楚。《丙编》编排图版尽可能地将内容相关各版卜辞放在一起，便于读者互相参照。每一图版前都有一张半透明薄纸，依刻辞位置写上释文，并标明缀合的各片、刻辞的次序和行款，便于读者直观地了解甲骨缀合情况与刻辞内容。在使用《乙编》材料时必须参考《丙编》。《甲编》、《乙编》、《丙编》也并没有把殷墟 15 次挖掘的全部甲骨公布出来，还是有所遗漏，所以有锺柏生的《小屯：河南安阳殷虚遗址之一 · 第二本 · 殷虚文字乙编 · 补遗》(1995 年，台北，中研院历史语言研究所出版）的工作。这些科学发掘的甲骨文材料是按照科学的方法著录整理公布的，甲骨文著录和公布材料的方法取得了重大的突破。《甲编》、《乙编》、《丙编》的出版使得大量珍贵新材料得以公布。

为了使更多的学者充分、方便地利用甲骨文资料，郭沫若于 1956 年提出了编纂《甲骨文合集》的建议，并列入了全国规划。当时成立了一个编辑委员会，郭沫若任主任，并任主编。编委有于省吾、王襄、容庚、商承祚、曾毅公、李亚农、沈之瑜、胡厚宣、唐兰、徐中舒、张政烺、陈邦怀等人。下设一个工作组，由胡厚宣任组长，做具体的编辑工作，于1961年4月着手工作。经过长时期的努力，工作组搜集到了著录甲骨的书刊100多种，全面寻访了30多个城市的100多个单位及若干私人收藏的甲骨，并进行墨拓，征集商借全国公私所藏甲骨拓片及照片，总计积累甲骨文资料，连同重复的在内，达15万片以上。经过逐一登记，注明有关情况，然后进行“对重”、“去伪”、“换片”，并由专人进行缀合。最终校出重复的6000多片，重复次数1.4万多，相关情况参考王贵民《一部大型的甲骨文资料汇编——甲骨文合集》，《中国史研究动态》1979年第9期。总计拼合不下两千余版，也存在拼合失误或遗漏未拼的现象，可以参看蔡哲茂《甲骨缀合集》（台北，文渊阁文化事业有限公司，1999）。为了方便研究，《甲骨文合集》还将同文卜辞按照卜序排在一起，不仅利于使用，也表现一种科学性。《甲骨文合集》将全部刻辞分为五期，即一期武丁；二期祖庚祖甲；三期廪辛康丁；四期武乙文丁；五期帝乙帝辛。而师组、子组、午组卜辞，集中附于武丁期。每一期之下分为二十二类，即一奴隶和平民；二奴隶主贵族；三官吏；四军队刑罚监狱；五战争；六方域；七贡纳；八农业；九渔猎畜牧；十手工业；十一商业交通；十二天文历法；十三气象；十四建筑；十五疾病；十六生育；十七鬼神崇拜；十八祭祀；十九吉凶梦幻；二十卜法；二十一文字；二十二其他。共收拓片39476片，收入《合集》前12册中，第13册收入摹本2480片。拓片与摹本共计为41956片。《甲骨文合集》的出版凝聚着众多前辈学者的心血，对甲骨文以及相关学科的发展产生了重大影响，对学术文化事业作出了应有的贡献。《甲骨文合集》也存在着不足，资料搜集得不够完善，有一些已经墨拓，但《合集》版式已定无法加进去，或有的征集来未能及时墨拓。所以有1999年《甲骨文合集补编》的出版。《合集》也存在着误收若干伪片的问题，也有的拓本不如过去著录的书中清楚。《合集》全13册于1982年由中华书局出齐，但《甲骨文合集材料来源表》由于种种原因却迟至1999年由中国社会科学出版社出版，在十多年中直接影响了《合集》材料的使用。《合集》出齐后的17年，《甲骨文合集释文》才由中国社会科学出版社出版，当然这其中的原因很复杂。这也或多或少地影响了《合集》的使用。

1973年，中国社会科学院考古研究所在安阳市小屯村南地，发掘出有字甲骨4589片，后经整理，编成《小屯南地甲骨》一书。是书为便于读者，将1971年冬季在小屯西地出土的10片卜骨和1975～1977年在小屯村一带零星采集的13片甲骨附于图版后面，则是书共著录有字甲骨4612片。是书上册主要是图版，1980年由中华书局出版，共分上下两个分册。书的下册主要是释文、索引和钻凿形态，1983年由中华书局出版，共分三个单册。中国社会科学院考古研究所安阳工作队在《1973年小屯南地发掘报告》(《考古学集刊》第9集，科学出版社，1995) 中刊布了整理小屯南地无字甲骨时发现的294片小片有字甲骨，作为《小屯南地甲骨》的补遗，有拓片、对应的摹本，有释文，加上这294片有字甲骨，才算小屯南地出土的全部甲骨文字。小屯南地出土的甲骨不仅数量多，内容丰富，而且地层关系明确，所以学术价值极高。大体如下：小屯南地甲骨出土的地层关系，证实了师组、子组、午组卜辞的时代应该与宾组相近，属于武丁时期。这是一大贡献。殷墟所出甲骨有无武丁以前盘庚、小辛、小乙时的甲骨，学术界一直有争议。由于小屯南地甲骨的地层关系，中国社会科学院考古研究所安阳工作队在《1973年小屯南地发掘报告》中指出《屯南》第2777片和《殷墟文字乙编》第9099片可能是武丁以前的卜辞，大致可以确定在盘庚、小辛、小乙时代。这是一个极有学术价值的意见。《小屯南地甲骨》全五册，但仅钻凿形态就占了整整一册，共收钻凿图版276版，其中线图87版，墨拓189版，把大量的钻凿形态和文字拓本同时著录，为从钻凿形态研究文字的分期断代提供了极为重要的第一手材料，这样的整理方法非常科学。《屯南》出土十余片午组卜辞，《屯南》的编者认为午组卜辞不是商王室的正统卜辞，能够得出这样结论的材料非常重要，由此可以进一步较为深刻地认识非王卜辞。《屯南》有诸多的新发现，如发现新的贞人；新的称谓祖癸、小卜辛、后祖妣庚、中宗祖丁、高祖上甲（打破了过去认为只有上甲以前先公可称高祖的观念）、后父丁；发现同版不同时期的卜辞，如910片正面为文丁卜辞，反面可能是武丁时期的记事刻辞，第2384片上部是祖庚祖甲卜辞，下部是武乙卜辞（参见《小屯南地甲骨·前言》，第46～47页）；发现了新的方国，发现商代军队编制有左旅、右旅（《屯南》第2328片），有右戍、中戍、左戍（《屯南》第2320片），发现“百工”之称；发现20片被截锯的卜旬卜骨，由此可以知道是先锯截，再施以钻、灼，然后才契刻文字的占卜次序。新发现一些成套卜骨（《屯南》第2414片和第4233片；《屯南》第1066片和第1082片；《屯南》第636片和第9片）、同文卜辞（《屯南》第665片和第1105片），详细参见《小屯南地甲骨·前言》，第51～54页。

由于小屯南地出土甲骨的新材料多且重要，所以《小屯南地甲骨》一书出版之后在学术界引发了一次深入研究甲骨文和殷商史的热潮，与《甲骨文合集》出版后引发的研究热潮相结合，形成了一个自殷墟甲骨发现以来最为轰轰烈烈的研究、探索、争鸣的高潮，产生论著之多、争论之激烈、研究之深入、参加的学者之多，涉及范围之广，前所未见。

前文已经重点介绍了殷墟甲骨文发现以来，有不少外国的学者、商人传教士等在我国收购甲骨，致使相当一部分甲骨流散到国外。外国收藏甲骨，除日本和加拿大之外，以英国最多。英国所藏甲骨，有一部分曾经以摹本的形式出版，如前文提到的《库方二氏藏甲骨卜辞》（1935年）、《金璋所藏甲骨卜辞》（1939年）。另外还有不少从未著录过的甲骨。在已经出版的摹本中，有的摹写失真，有的印制时还略有缩小，存在不利于研究和拼合等问题。这样《甲骨文合集》又不得不收录这些已经出版的摹本。1982～1991年间，中国社会科学院历史研究所李学勤、齐文心先生和英国伦敦大学亚非学院艾兰合作，将英国所藏的11宗共3089片有字甲骨加以墨拓，经拼合并剔除少数碎片、伪刻，选出2674片甲骨，编成《英国所藏甲骨集》（中华书局，1985）分上下编，共四册，上编两册为图版，有照片和拓本；下编两册主要是释文、论文、附表和字词索引。另外上编未收之照片和拓本共61件，作为《图版补正》收入下编。有一些甲骨由于风化剥蚀，致使拓本的某些文字不太清晰，为了便于读者使用，编者特别参照原骨做成摹本共93件，也置于下编之中。下编附有甲骨单字的放大照片，有甲骨文字、有伪刻，特别是还有《英藏》第2674片即“家谱刻辞”一些字体的放大照片。《英藏》的图版，除了照片、拓本外，还附有必要的摹本，科学性和学术性都较高。整个图版分为五期，每一期下又分为二十类，即一祖、父、妣、母、兄、子、帚；二侯伯；三贞人及人名（或国名）；四王事活动；五职官刑罚；六战争；七地理；八纳贡；九农业；十田猎；十一畜牧；十二天文历法；十三气象；十四建筑；十五生育疾病；十六上帝、先公和其他神祇；十七祭祀；十八卜法；十九吉凶梦幻；二十其他。《英国所藏甲骨集》中图版值得一提的是收入了所谓的“家谱刻辞”，这是一篇全世界学术界普遍关心的甲骨刻辞。1912年英国学者金璋在所著《中国古代皇家遗物》一文和1913年德国女学者勃恩哈第在所著《中国古代之卜骨》一文中都曾经引用过。1956年中国学者陈梦家在所著《殷虚卜辞综述》中也曾经引用这一刻辞来考证殷代的王位继承。但有的学者提出这一片甲骨是伪刻的，半个多世纪以来，围绕“家谱刻辞”的真伪问题，断断续续地展开了一场可以说是国际性的学术讨论。参加讨论的大都是国际上颇具名望的学者。

在《英藏》出版之前，多数学者都没有见到“家谱刻辞”骨版的实物，早期的照片和摹本不清晰，于是有真伪之争。大体说来，董作宾、郭沫若、容庚、唐兰、胡厚宣、金恒祥、严一萍、齐文心等都认为是伪刻；而陈梦家、张政烺、朱德熙、孙海波、于省吾、饶宗颐、李学勤、张秉权、白川静、艾兰等认为非伪刻。而《英藏》不仅著录了清晰的拓本（上编图版2674号），还发表了原骨的黑白照片（下编下册398页为2674正面，399页为2674反面）和彩色照片（上编上册书前彩色图版，图七为2674正面，图八为2674反面），这对于确认“家谱刻辞”真伪无疑起着重要作用。“家谱刻辞”的真伪关系着殷商时代的宗法世系的探索，对于学术研究具有积极的意义。“家谱刻辞”早见于《库方二氏所藏甲骨卜辞》（1935年出版）第1506片，系摹本，记载了兒氏家族自先祖以下十一世十三位的谱系，前辈学者已经指出先祖名字吹，三四代的人名，弟与养字的写法，都是方法敛摹写“家谱刻辞”甲骨之前的时代作伪者不可能认识的或无法见到的材料，作伪者无从模仿。与“家谱刻辞”辞例相近的甲骨刻辞的存在，证明“家谱刻辞”并非孤证；

“家谱刻辞”的人名部分地见于武丁时期甲骨刻辞，说明这些人物确曾存在。循着这样的研究思路，在《英藏》“家谱刻辞”清晰拓本、照片公布后，甲骨文材料又不断地发现和整理公布，对于推动“家谱刻辞”真伪的研究，将有着重要的学术意义。

《英藏》公布了不少此前从未著录过的甲骨刻辞，对于研究殷商时代的社会现象以及那个时代的语言文字状况产生了重要作用。如武丁时期宾组的一些与岁祭有关的记事刻辞，对于研究商代祭祀意义重大。此前已经公布的甲骨文中常见商代名相伊尹，以及数以百计的祭祀黄尹的卜辞，于是有学者指出伊尹与黄尹是一人。也有学者提出异议，但苦于没有坚实的证据。齐文心根据《英藏》公布的一片有伊某的卜辞，伊某不见于文献也不见于此前公布的卜辞。由此入手，认为伊、黄都是国名，尹是官名，伊尹、黄尹是二人。参齐文心《伊尹、黄尹为二人辨》，载于《英藏》下编上册，第 177 页。这对于研究商代社会尤其是商代职官制度具有相当深刻的意义。又如《英藏》150 正片曾经以摹本的形式发表，学者据之证明商代妇好征伐羌人之事，《英藏》公布了原骨拓片，原来就摹本读为羌的字，实际上从拓片看是方的残字。这可以说纠正了以往的错误认识。《英藏》不仅公布的材料重要，也是一部编写很好的资料书。

《甲骨文合集补编》的整理和公布材料。编辑《甲骨文合集》时搜集了大量的资料，由于《合集》选收标准较高，有一些资料并未收入。这些资料虽没有收入《合集》的那样精粹、重要，但仍有一定的学术价值。为编辑《合集》而搜集的资料中有不少是未经著录的拓片，编入《合集》中的只是其中的一部分，其余的就更加应该选择编入《补编》中。《甲骨文合集》出版之后又陆续有一些著录甲骨的书刊问世，其中有不少有价值的资料。如许进雄编著的《怀特氏等收藏甲骨文集》，1979 年由加拿大皇家安特略博物馆出版。此书共收录甲骨 1915 片。日本天理大学、天理教道友社共编《天理大学附属天理参考馆藏品·甲骨文字》，于 1987 年 2 月由日本天理教道友社出版，《图版》一册，伊藤道治《释文》一册，共收入有字甲骨 692 片。利氏学社雷焕章编著《德瑞荷比所藏一些甲骨录》，于 1997 年由台北光启出版社出版，共收入有字甲骨 228 片。这些资料散在各地，学者们大多不能很容易看到，有必要收集起来加以选择，集中整理公布学界，便于学界使用资料和进行研究。有鉴于此，彭邦炯、谢济、马季凡三位先生，编辑了《甲骨文合集补编》。

《甲骨文合集补编》共收录有字殷墟甲骨 13450 片，其中以前未曾著录过的有 8000 多片，其他则来自各自著录的专书。另附殷墟以外遗址出土甲骨 316 片，主要为西周甲骨。是书编辑体例与《合集》完全相同。先分五期，师组、子组、午组附属于一期。每期分为二十二类。全书共七册，由语文出版社于 1999 年出版。前四册是图版，后三册为释文、《资料来源索引总表》、《选收著录书表》、《选收各家缀合表》、《选收著录书缀合表》、《殷墟以外遗址出土甲骨来源表》等七个表。这就大大的便利了研究者，对甲骨学有很大的贡献。但仍有一些遗憾之处，如《小屯南地甲骨》、《英国所藏甲骨集》、《甲骨续存补编·甲编》、《瑞典斯德哥尔摩远东古物博物馆藏甲骨文字》所著录的甲骨文未能收入，这就使得《甲骨文合集》加上《甲骨文合集补编》仍然只是一个选编，从而失去了“合集”的性质。

1991 年中国社会科学院考古研究所安阳工作队在安阳殷墟花园庄东 100 多米处发现了一个甲骨坑（专门为埋放甲骨而挖的坑），编号为 91 花东 H3，共出土甲骨 1583 片，其中卜甲 1558 片（腹甲 1468 片，背甲 90 片）、卜骨 25 片；而其中有字甲骨有 579 片，包括字甲 574 片（腹甲 557 片、背甲 17 片）、字骨 5 片。最为珍贵的是有刻辞的整甲达到三百多版，于 2003 年由云南人民出版社出版。全书共六册，前三册是拓本、摹本图版，第四、五两册是照片图版，第六册为释文、钻凿形态研究、引书目录简称、索引等内容。《殷墟花园庄东地甲骨》的编者对这批材料已有较为深入的研究，其成果反映在《花东》前言与释文中。《花东》释文部分，在每版甲骨释文之前，全面描述甲骨、刻辞、钻凿的各种信息，并且释文多有考释和分析，反映了编者对考古和古文字都很熟悉，对《花东》中人物丁、妇好、子的关系、地位做了比较。这些工作对于进一步研究花东甲骨很有启发。自《殷墟花园庄东地甲骨》公布以来引起了热烈的讨论，把甲骨文和殷商史的研究更加引向深入。这部分甲骨的占卜主体不是商王，而是一个地位低于商王的叫做“子”的贵族，属于“非王卜辞”之列。花东甲骨文的内容丰富，有助于进一步认识商代后期商人的家族形态，贵族的祭祀、田猎、觐见、教育等政治社会活动，疾病及祛除手段等医疗知识。关于花东甲骨文中的重要材料，可以参阅黄天树《花园庄东地甲骨中所见的若干新材料》（《陕西师范大学学报》2005 年第 2 期），刘源《殷墟花园庄东地甲骨文研究概况》（《历史研究》2005 年第 2 期）。学界围绕殷墟花园庄东地甲骨文中占卜主体“子”的身份地位、子的活动等问题展开了热烈的讨论，其中引发了关于殷礼的深入研究和商代政治制度的探讨。围绕此批甲骨文进行研究的主要专著有姚萱《殷墟花园庄东地甲骨卜辞的初步研究》（线装书局，2006）；魏慈德《殷墟花园庄东地甲骨卜辞研究》（台北古籍出版有限公司，2006）；韩江苏《殷墟花东 H3 卜辞主人“子”研究》（线装书局，2008）。

2008 年文物出版社出版了由段振美、焦智勤、党相魁编著的《殷墟甲骨辑佚：安阳民间藏甲骨》一书，公布新见甲骨 1100 片，断代分布为殷墟一至五期，系民间所藏，但有的可与一些已著录的甲骨缀合，如第 690 片可以与《合集》第 36182 片缀合，记载商王帝辛九祀三月征伐人方之事。也有新发现的文字，具有研究和学术价值，为商代历史研究增添了新资料，对商代历史研究有重要的意义。如第 573 片记载关于“多子”的卜辞，为商王朝“多子”的研究增添了一个新的材料。近两年北京大学所藏甲骨、上海博物馆所藏甲骨、国家博物馆所藏甲骨都陆续整理出版，这些材料虽然编辑《甲骨文合集》、《甲骨文合集补编》时都采用了大部，但仍有不少未曾公布的，这几部书分别是吕章申、朱凤瀚、沈建华编著《中国国家博物馆馆藏文物研究丛书·甲骨卷》（上海古籍出版社，2007）。李钟淑、葛英会编著《北京大学珍藏甲骨文字》（上海古籍出版社，2008）。《北京大学珍藏甲骨文字》一书著录北京大学收藏甲骨 2929 片，其中有 1149 片曾经著录于《甲骨文合集》，但尚有半数以上未曾著录过。这部大型的甲骨著录书，努力汲取前辈学者整理甲骨的研究成果，博采各家之长，主张在区分甲骨刻辞内容的类别时，应以古代典籍所载占卜事类作参考，认为甲骨刻辞的内容分类应该遵循两条规则：凡一版甲骨载有两条或多条内容有别的卜辞，其所属类别以各卜辞的主从关系加以抉择；凡一版甲骨只有一条卜辞的，以完整的卜事为单位裁定其属类。卜事所含成分与卜事不属于同一层面，不能视为卜辞的类别。这为今后科学地著录传世甲骨提供了颇具意义的启示。濮茅左、谢海元编著《上海博物馆所藏甲骨》上下册（上海辞书出版社，2009），是书著录甲骨 5002 片，为便于研究，采用灰、墨拓本同时展示的著录方法，于灰拓本的甲骨文字上有同位释文，可与墨拓本的甲骨文字对照阅读。释文基本采用学术界公认字释，或最新研究成果。不能释出的字，按照甲骨文字原形照摹。匡正早期出版物失甲骨背、臼文字，骨面、背臼失联等误。书后附有是书甲骨主要著录表，便于此批甲骨材料的使用。最近由宋镇豪、马季凡等主编《中国社会科学院历史所藏甲骨集》（全三册），上海古籍出版社 2011 年 8 月出版。

目前，中国社会科学院历史研究所先秦史研究室主任宋镇豪研究员正主持中国社会科学院“十一五”重大科研项目《甲骨文合集三编》的编著，2009 年《甲骨文合集三编》被列入国家社科基金重点项目资助，相信是书的出版，必会给甲骨学殷商史研究提供新的材料，并推动该学科的发展。

周人甲骨文的整理与公布。

科学发掘所得甲骨文中还包括西周甲骨文，陕西周原甲骨文是西周甲骨文中最大的一宗材料，考古工作者历年在凤雏村、齐家村、强家村、周公庙等地发掘、采集有字甲骨 320 多片。除近年发现的周公庙甲骨外，凤雏、齐家、强家等地材料都已经整理公布，1982 年陈全方著文《陕西岐山凤雏村西周甲骨文概论》（载于《古文字研究论文集》，四川大学学报丛刊第十辑，第 305～434 页），将凤雏 H11、H31 的 292 片有字甲骨全部摹出，分为十类著录。1991 年徐锡台著《周原甲骨文综述》（三秦出版社出版）较陈文多出 7 片齐家村、强家村的甲骨摹本，还发表了 170 片凤雏 H11 甲骨、4 片凤雏 H31 甲骨、6 片齐家村甲骨的黑白放大照片。但是这些很有学术价值的照片印制粗糙，效果较差。1984 年王宇信著《西周甲骨探论》（中国社会科学出版社出版），专设“西周甲骨摹聚”一篇，收录山西洪赵坊堆村 1 片、沣西张家坡 3 片、北京昌平白浮 3 片、岐山凤雏 H11 的 278 片、H31 的 10 片，扶风齐家6片，其中凤雏、齐家甲骨摹本乃参考陈全方文和徐锡台书而做的。陈、徐、王的论著极大地促进了西周甲骨文的研究，但是因缺乏清晰的放大照片，摹本也因人而异，学者无法利用准确的材料。字体小如粟米的西周甲骨文材料只有通过清晰的放大照片才能最大可能地发挥其史料价值。

曹玮先生编著的《周原甲骨文》就是应学界这种需要而编辑的。此书列入“夏商周断代工程丛书”中，世界图书出版公司北京公司2002年10月出版，精装一册。所收甲骨有三个部分：岐山县凤雏村建筑基址11号灰坑出土甲骨（编号为H11：1—283），凤雏村建筑基址31号灰坑出土甲骨（编号为H31：1—10），陕西省扶风县齐家村出土甲骨（编号为FQ1—7）。共300片，H11有19片可以缀合为9片，故实际著录甲骨290片，其中还包括58片“非人为刻划甲骨”，16片“非字甲骨”（其中有些是界划和符号）。是书将这些材料以彩色放大照片形式发表，有7片在加固时粉化，只好刊出摹本。是书在每片甲骨旁依甲骨文原有行款做出释文，不加句读标点。释文采取阙疑态度，不能确定的则以□表示。是书附有“周原甲骨文摹本、著录对照表”、“周原甲骨文释文对照表”、“周原甲骨文论著目录”，以便学术研究。是书还发表了周原甲骨文同坑出土的器物，包括部分钻孔甲尾、加工过的甲首、陶片、石器、贝壳、玉珠、象牙饰物等，这些材料对于判断周原甲骨文的时代、了解周原甲骨的加工、性质都很有益处。由于这批材料出土的时间久，磨损不少，有些甚至粉化，所以以前陈、徐、王诸家发表的摹本仍有重要参考价值。

4 甲骨文的缀合

甲骨文材料的整理还有一项非常重要的工作，那就是甲骨文的缀合。甲骨经过钻凿，又埋于地下，经过数千年岁月的侵蚀，出土时往往由一版破碎为数片，私掘甲骨破碎的情况就更加严重。要想了解甲骨破碎前的存在状况，特别是甲骨上契刻、书写的文字的全部或较完整的信息，就必须进行细致辛苦的缀合甲骨工作不可。甲骨缀合对于甲骨学殷商史研究的促进作用主要体现在：缀合之后可以提供更多完整或较为完整的新材料；经过缀合所得的重要材料有助于解决重大、繁难问题。前者可以举出屈万里《殷虚文字甲编》缀合的223版和张秉权《殷虚文字丙编》缀合的632版，以及台湾学者蔡哲茂《甲骨缀合集》、《甲骨缀合续集》（台北文津出版社，2004）共缀合543组，编辑《甲骨文合集》、《甲骨文合集补编》时也都有不少重要的缀合。后者的例子最著名的是王国维缀合《戬寿堂所藏殷虚文字》1·10与《殷虚文字后编》上·8·14，获知商先王世系在上甲以后依次为报乙、报丙、报丁、示壬、示癸、大乙、大丁、大甲，订正了《史记·殷本纪》之误。又如1933年明义士缀合6片碎骨获“天邑商”史料，1954年严一萍缀合5片碎甲获月食材料，1957年李学勤缀合《库方》中2片讨论商人卜选日名问题，等等，都为学界所重视，证明了甲骨缀合在甲骨学殷商史研究中发挥着不同寻常的关键作用。

甲骨的缀合，根据出土方式的不同可以分为私掘甲骨的缀合和科学发掘甲骨的缀合。科学发掘的甲骨缀合起来比较方便，因为一版甲骨的各个碎片基本上集中于一坑或一处，又有实物可供操作，像近年公布、发现的殷墟花园庄东地甲骨、大辛庄甲骨、周公庙甲骨等几批新材料缀合的工作都做得很好。但如 1936 年历史语言研究所第十三次发掘发现的 H127 坑甲骨，由于客观环境的影响，缀合起来就颇费周折。这批甲骨先被整坑地装运到南京历史语言研究所在室内揭取，一开始编号、拼合都很顺利，但是抗日战争爆发后，历史语言研究所辗转迁徙至四川李庄，原来分盒装好的甲骨由于路途颠簸、纸盒受潮发霉破烂，复又混杂在一起，给再次缀合带来了很大困难。直至历史语言研究所迁至台湾，张秉权先生前后花费近 20 年的时间尚未全部完成这一艰巨的工作。如果科学发掘的甲骨出土时就较破碎分散，缀合起来也比较费力。与科学发掘甲骨的缀合相比，缀合私掘甲骨的工作更加困难。一版甲骨的碎片可能流散到多个收藏单位或个人手中，学者又往往看不到原物，仅凭发表出来的拓本或摹本拼对，难免出现错误。还有一种情况也比较糟糕，有的甲骨在流传中出现破损，给缀合带来不少困难。缀合工作要做到准确，最好是用甲骨实物，但现实情况是多数学者没有条件用实物来缀合。其次是用完整甲骨拓片并与实物参照；再次是用影印的拓本。若实物、拓片都不可求，才用摹本。目前缀合私掘甲骨一般第二种方法可以做到，近年中国社会科学院历史研究所先秦史研究室网站上不断有学者发布缀合的新成果，发布出来之后，经过能够见到甲骨实物学者的检验，来确定缀合的准确性。目前缀合的方法主要是密接缀合和遥缀。甲骨学者所缀合的甲骨绝大部分是采取密接缀合的方法。遥缀则根据碎片所在甲骨的部位、卜兆的形状走向、甲骨文字体、卜辞的行款和内容等多项标准，把暂时不能密接的甲骨按其在甲骨原版上的部位缀合在一起。这种缀合方法难度很大，要求甲骨学者更加熟悉甲骨的构造、甲骨文例、甲骨分类断代乃至钻凿形态等多方面的知识，当然误缀的概率也较高。

甲骨文发现 110 年来，甲骨缀合工作大致经历了如下几个阶段。第一阶段从甲骨文发现到 1938 年，此时尚未有专门从事缀合的学者。学者在整理、著录甲骨文材料以及进行甲骨学殷商史研究时，逐渐注意到甲骨缀合的重要性，并取得了一些成绩。以王国维、董作宾、郭沫若、明义士等作出的贡献较为突出。第二阶段是 1939～1950 年，为甲骨缀合奠定了基础。主要是曾毅公所著《甲骨叕存》（1939 年）、《甲骨缀合编》（1950 年）二书的出版。曾毅公曾任明义士助手，以缀合为甲骨学研究的主要方向，主要受了明义士的启示和鼓励。《甲骨叕存》收缀合甲骨 75 版，后来加以增订形成《甲骨缀合编》，收录缀合 396 版，其中也包括其他学者的缀合成果。曾毅公主要是用拓片从事缀合，难免有些误缀，但自此以后学者对甲骨缀合更加重视，专门从事缀合工作的学者和此方面的专著也增多。第三阶段是1950～1970年代初，主要是科学发掘甲骨的缀合与公布阶段，如曾毅公、郭若愚、李学勤《殷虚文字缀合》（科学出版社，1951），张秉权《殷虚文字丙编》（1957～1972年出版），屈万里《殷虚文字甲编考释》（1961年出版）等著作。这三书的出版为科学发掘甲骨的缀合工作提供了宝贵的经验和良好的范式。第四阶段从1973年至今是甲骨缀合工作进一步发展繁荣阶段。甲骨缀合得到了学者的普遍重视，不专门致力于甲骨缀合的学者也结合自己的研究专题，有意识地搜集材料进行缀合，有关文章发表的很多，其中有不少重要的材料。还有很多在此领域内孜孜以求收获甚丰的学者，如严一萍《甲骨缀合新编》（台北艺文印书馆，1975），蔡哲茂《甲骨缀合集》、《甲骨缀合续集》的出版。科学发掘的新材料，如小屯南地甲骨、殷墟花园庄东地甲骨等也得到很好的缀合。台湾政治大学中文系林宏明博士是史语所蔡哲茂先生的学生，近年在甲骨缀合方面取得突出成绩，他的成果有力促进了若干甲骨学重大问题的研究，特别是历组卜辞的时代问题。林宏明缀合甲骨的研究成果《醉古集：甲骨的缀合与研究》，2008年台湾书房出版。最近黄天树教授主编的《甲骨拼合集》于2010年8月由学苑出版社出版。黄天树教授率领的首都师范大学学术团队长期致力于甲骨的缀合研究，取得了丰硕的研究成果。由于相关学术论文散见于各种书刊和互联网中，寻觅颇为不便，此次将缀合成果凡326组汇为

《甲骨拼合集》出版，使学者能够及时方便地集中利用这些缀合成果。《甲骨拼合集》由“缀合图版”、“说明与考释”和“附录”三部分组成。缀合甲骨按照流水号统一编号，以作者顺序编排，每位作者之下再按缀合文章发表时间先后排序。“缀合图版”部分同时出具拓本和摹本。“说明与考释”部分并非一人一时所写，体例未能完全统一，收入该书时，除了技术性修改以外，尽量保持原貌。“附录”部分包括附录一、殷墟龟腹甲形态研究（黄天树）；附录二、关于卜骨的左右问题（黄天树）；附录三、甲骨形态学（黄天树）；附录四、《甲骨文合集》同文表（李爱辉）；附录五、《甲骨拼合集》索引表（莫伯峰、王子扬）；附录六、2004～2010年甲骨新缀号码表（莫伯峰、王子扬）。是书最后还附有“本书引用甲骨著录简称表”。

近年来中国社会科学院历史研究所先秦史研究室的学者，首都师范大学、郑州大学等单位研究甲骨学、殷商史、古文字学的专家、博士、硕士研究生，以及港澳台地区的学者不少在中国社会科学院历史研究所先秦史研究室网站，连续发表其甲骨缀合的最新成果，时有重要意义的缀合公布，极大地推动了甲骨缀合以及甲骨学殷商史的研究。

三　甲骨占卜的经过及甲骨文例

1　占卜所用龟骨的来源

前文已述商代占卜所用的材料主要是甲骨。甲就是龟甲，以龟腹甲为主，也间有龟背甲。骨主要是牛肩胛骨，也有一些记事文字用牛头骨、鹿头骨等。目前发现的商代有字甲骨已经有十几万片，再加上历年发掘的无字占卜龟骨，以及发现的未经用过的甲骨原料也有很多。这么多的龟骨是从哪里来的呢？甲骨文里的相关记载反映商代占卜所用龟主要来自南方和西方，如《甲骨文合集》8994 片“贞龟不其南氏”，在这里“氏”即致送、进贡的意思。这是从反面贞问龟不从南方进贡来吗？还有关于有人从南方进贡龟的占问。《合集》9001 片记载“西龟。一月”，说一月的时候龟从西方而来。古文献中也有南方产龟的记载，如《尚书·禹贡》“九江纳赐大龟”，纳就是贡入，说九江一带有贡纳大龟的义务。汉代时，长江中游还是占卜用龟的主要产地。如《史记·龟策列传》记载“神龟出于江水中，庐江郡常岁时生龟，长尺二寸者二十枚，输大卜官”。《诗经·鲁颂·泮水》记载鲁侯征服淮夷后，淮夷献纳贡物有“元龟象齿”，元龟即大龟。淮夷地处淮河与长江下游一带，说明长江下游也产龟。西方产龟见于《逸周书·王会篇》，是篇记载伊尹奉商汤之命根据各地物产制定四方诸侯纳贡的献令，“正西……龙角神龟为献”。说明西方产龟，所以西部的诸侯有献纳神龟的义务。生物学家对安阳出土龟甲的鉴定，也证明了占卜用龟主要产自南方如福建、广东、广西、海南、台湾等地。

这么惊人数量的甲骨是由哪些人哪些族属贡献来的呢？甲骨文中也有一些记载，如有个叫“我”的人，动辄进贡上千只龟，如《合集》116“我氏千”。《合集》10935“我氏千”。《合集》9012“我氏千”。《合集》9013“我氏千”。被学者称为五种记事刻辞大都记载了龟骨的来源，有学者认为这些人是商王朝的内服，内服通过贡纳占卜所用的龟和骨版的方式，参与到商王朝的神权政治中。据《尚书·酒诰》记载商王朝的国家结构由商王、内外服组成，在商王朝国家结构中，内外服都有为王朝尽一些职事的义务，他们所尽的职事被称为“服”。从现有的材料来看，进贡占卜所用的龟和骨版也不仅仅限于内服，还有一些在甲骨文中材料不多，尚不能确定为内服还是外服的族属，不能排除外服贡纳龟骨的可能性。所以说贡纳龟骨的是服从商王朝的族属是可以的，极有可能是处于南方、西方的内外服族属都有贡纳龟的义务。占卜用的牛胛骨主要为本地所产。商人用牛祭祀祖先往往数量惊人，祭祀过后用作祭牲的牛的肩胛骨就保存下来，用于占卜之用。甲骨文中的记事刻辞也记载了商王朝的内外服进贡牛胛骨或采集牛胛骨的一些情况。大量使用牛胛骨，说明商代的畜牧业很发达，牛已经被大批驯养并且有丰富的储备。

 商代甲骨占卜的经过

收集好了卜用龟骨之后，商代人是如何占卜的呢?学者们将出土甲骨实物与古籍中的相关记载结合，进行了一些考察，得出了较为可信的结论。

商代占卜的程序如下：①整治龟骨，这是占卜的准备阶段。整治甲骨包括取材、削锯与刮磨、凿钻制作等工序。取材，即收取贡纳来的龟骨等占卜材料，尚未经过削锯、刮磨。占卜用的龟多在秋天从南方贡献而来，春天将龟杀死，剔去血肉、内脏，使之成为龟甲空壳。在杀龟之前还要举行祭祀仪式，杀牲用血祭祀龟。将龟的空壳储存起来，以备进行削锯、刮磨等工序。占卜用的牛胛骨多在殷都当地筹集。②削锯与刮磨。龟壳和肩胛骨还要经过削锯、刮磨后，才能施钻凿，以备卜用。龟壳首先从龟背甲和腹甲连接处锯开，并使一部分甲桥连在腹甲上。然后锯去甲桥边缘的突起部分，并错磨成整齐的弧形，使腹甲较为平直。占卜龟甲中也偶用背甲，其中背甲较大的则从中脊锯开，一分为二。也有的把剖开的背甲又锯去中脊

凸凹较大的部分和首尾两端，成为鞋底形，有时中间还穿孔。刮磨时先要去龟甲表面的鳞片，将下面留有的坼文刮平。然后磨错龟甲正面、里面高低不平的地方，使龟版匀平变薄。之后再刮磨，使龟版平滑光润。一头牛的肩胛骨有左右两个，胛骨的上端为骨臼，骨臼的一边有突起的臼角，其背面向下有一条突起的骨脊，骨的这部分较薄，臼角下的边缘称为“内缘”。与臼角相对的外缘正面有一道较为隆起的部分，外缘较厚而圆。在整治胛骨时，先将骨臼向下向外切去，去掉骨臼的一半或三分之一。然后再将突出的臼角向下向外切去，成为九十度的缺口。再将背面的臼角以下突起的骨脊整个削平。最后将骨臼下部隆起的地方也尽量地削平。通常将无骨脊的一面称为正面，有骨脊并施钻凿的一面称为反面。如何判断左右肩胛骨呢？比如骨臼一头即上端朝上，面对胛骨正面，右边切去臼角者就是右肩胛骨；左面切去臼角者就是左肩胛骨。肩胛骨经过削锯后还要进行刮磨处理，使之表面平滑。③钻凿。钻凿施于龟甲和兽骨的背面，为了占卜灼龟时，在正面呈现出卜兆。经过观察大量商代占卜甲骨实物，学者总结了占卜前施凿钻的方法：一种方法是用刀挖刻而成。小屯南地出土甲骨上的凿，用刀挖刻而成的占多数。不少甲骨凿痕的内壁上都留有很清晰的刀痕。有的是在长方形的凿挖好以后，又用刀继续把凿的边缘加宽，内壁呈现出一圈突棱。从平面上看是内外两圈，外圈呈现鼓腹的尖弧形，凿的内圈仍近似长方形。另一种方法是轮开凿。这种方法是使用一种与现在的砣轮近似的小轮开槽后制成的。有的用轮开槽后还要用刀子加工凿的边缘或底部。钻是指单独的小圆钻和凿旁的钻。这两种钻的制作方法有三种：一是用钻子钻成。用实心的小圆棒在卜骨上旋转而成。一种是先轮开槽，再用刀加工，使钻内侧与凿连接。一种是用刀挖刻出来的，小屯南地甲骨绝大多数凿旁的钻是用刀挖刻出来的。钻凿在卜龟上的分布，一般以龟腹甲里面（反面）中线为轴，左右对称，分布错落有致。右边钻在凿的左侧，左边钻在凿的右侧。牛胛骨背面的钻凿，一般中部隆起凿较少，分布较为不规则，多在卜骨外缘较厚处的一侧。凿和钻对于占卜意义重大。凿是为了使正面易于直裂；钻是为了使正面易于横裂。钻凿之后，灼于钻凿之处，就会使正面呈现纵横的坼文，就是所谓的卜兆。因为钻凿之处都较其他部分薄，灼时甲骨受热不均，凿钻之处率先爆裂，在甲骨正面呈现兆干、兆枝。在龟甲的正面，以俗称的“千里路”为中心，左甲的兆枝都向右，右甲的兆枝都向左，肩胛骨的正面则左胛骨兆枝都向左，右胛骨兆枝都向右。在灼龟时，一边祷祝，一边述说所卜之事。灼完之后，就根据正面所得兆象来判断吉凶了。至于如何判断卜兆的吉凶，今天已经不得其详了。甲骨呈现卜兆后，占卜过程就结束了。但还要将有关卜问事项的内容契刻到甲骨上，这就是通常说的“卜辞”。这些卜辞是用什么工具契刻到甲骨上的呢？从殷墟发掘所得遗物看，有青铜小刀、青铜锥，还有玉刀。青铜刀可供契刻甲骨文字之用，青铜锥可供刻划细线之用，以及有些卜骨上的数字符号。也有学者认为玉刀也可以契刻甲骨文。商人占卜之后，将所问事项刻在甲骨上，对所卜问的事项并非置诸脑后。有时过了若干天以后，所问的事项在现实生活中幸而言中，或与所希望的结果大相径庭，也要契刻在甲骨的有关卜辞之后，这就是所谓的“验辞”。有些甲骨上，刻上文字以后还涂上朱砂或墨色，俗称“涂朱”、“涂墨”。也存在一块甲骨涂朱、涂墨并行。涂朱、涂墨的风气在武丁时期较为盛行。一般涂朱者都是字体较大者，并且内容重要，可能与宗教意识或祭祀的特殊需要有关。涂墨可能是在骨料上涂上墨，刻字时易于显示白色笔画，以区别刻字处与未刻字处。刻完后将墨色抹去，显出甲骨骨版本色，所刻字口里就留下了碳墨，文字就更加醒目。整个占卜与契刻文字的过程结束之后，商人怎样处理它们呢？首先是存储起来，即有意识的保藏甲骨。从出土整坑甲骨的情况看，一般这样的甲骨坑都沿用了好几个王世，相当于殷商王朝的档案室。有些在商都以外占卜的卜辞，经过千里迢迢的带回商都，保存起来，如一些帝乙帝辛征夷方的卜辞。另一种处理甲骨的方法是埋藏。如著名的YH127 坑整坑有 1.7 万多版龟甲集中出土，此坑本为储存谷物之用，后来用于存储甲骨。第三种处理甲骨的方法是“散佚”。在殷墟的不少灰坑、版筑基址的灰土中，偶有甲骨的发现，可能是集中存储或搬运中遗失所致。当然这不是有意为之。第四种方法是“废弃”。有的甲骨被锯去文字的一部分而改做它用。还有用过的甲骨被当做练习刻字之用；还有些与生活垃圾一起被随意抛弃的甲骨。

3 甲骨学基本专业用语及甲骨文例

介绍了商人占卜的过程后，还需要了解一些甲骨学基本专业用语及甲骨卜辞文例。上文在谈到整治龟骨时略有涉及甲骨的正反、左右、内外、上下等用语。这里再详为介绍：龟以腹甲下部较为平整、光滑部分为正面，即呈现卜兆的一面。在契刻文字时，腹甲向下的一面翻转过来，正好面对贞人，一般称之为正面。腹甲的内里，表面较为粗糙，虽经过刮磨，仍不如正面平整，凿钻灼烧此面称为反面。牛胛骨以较平滑的一面为正面，另一面为反面。龟甲近边缘处为“外”，近中间千里路部分为“内”；近首部分为上，近尾部分为下。牛胛骨左右一对在甲骨文里称为一屯。右胛骨切臼角处向右，臼角以下一侧较薄，为内侧。与内侧相对处，边缘较圆而厚，为骨的外侧。接近骨臼处是胛骨的上部，骨扇部分较薄，其近下缘部分，是胛骨的下部。

兆序、兆记。商人卜问时，每灼龟一次，便在龟腹甲正面的兆纹上方记下占卜的次数。经常是一件事情从正反对贞，反映在龟甲对称的部位上，也要刻下占卜的次数。表示占卜次数的数字，就是所称的“兆序”。一般情况下，龟右甲的兆序刻在兆枝的左上方。从反面贞问的兆序刻在兆枝的右上方。牛胛骨上的兆序也刻在兆枝的上方。左胛骨兆序刻在向左的兆枝上部，右胛骨兆序刻在向右的兆枝上部。兆序是占卜以后，刻写卜辞之前刻的。有时兆序数字占据了卜辞的位置，就会出现铲去兆序另刻它处的情况。兆序不是卜辞，但与卜辞密切相关，一定的卜兆标志着殷人对事情的卜问次数，或一事数卜，或数次占卜只为一事。龟甲上的兆序一般左右对称，有自下而上、自内而外、自上而下排列方式。牛胛骨的兆序一般是自下而上排列的。也有的是自下而上，然后再转行自上而下排列。

兆记又有人称作兆辞，是记载有关卜兆情况的，如“×告”、“吉”、“不玄冥”、“兹用”等。兆序一般刻在兆枝的上方，而兆记则刻在兆枝下方与兆序对应处，常记“一告”、“二告”、“三告”等。兆旁还有时记“吉”、“大吉”等。兆旁有时也记“兹御”、“兹用”、“兹不用”等，其意为是否按照所占者施行。“不玄冥”即不模糊，记兆象明晰。

卜辞。一条完整的卜辞，包括叙辞、命辞、占辞、验辞四部分。叙辞，又称前辞，即贞卜的时间和贞人。命辞又称贞辞，即此次占卜所问内容。占辞，即商王看了卜兆后所下的判断。验辞，即征验之辞。在殷墟卜辞中，具有前辞和贞辞的最常见，多数是没有验辞的，也有的省去占辞。如《合集》10405 正有云：

> 癸未卜殻，贞旬亡祸。王占曰：“往，乃兹有祟。”六日戊子，子弹死。

这条卜辞中“癸未卜殻”为叙辞，“贞旬亡祸”，是问下一旬即在未来的十天内有无灾祸，是为命龟之辞。“王占曰：‘往，乃兹有祟。’”即商王看了卜兆之后说：往于某地，可能有不测之灾祸吧。是为占辞。“六日戊子，子弹死。”经过六天到戊子日，果然应验了，子弹死了。此为验辞，是癸未日占卜后，经过六天应验后补刻上的。

甲骨刻辞在甲骨上刻写的部位及行款，是有一定规律的，这就是甲骨文例。甲骨文例有卜辞文例和非卜辞的记事文例两种类型。了解甲骨文例的基本知识，对于识读布满一大龟版或兽骨上的刻辞内容及刻辞间内在联系是很有必要的。下面首先谈谈卜辞文例。1928 年殷墟科学发掘以后，董作宾等学者根据大量甲骨实物爬梳整理，依甲骨所在部位推断其文例的方法，发凡启例，论定甲骨上卜辞的文例。依甲骨所在部位推断其文例的方法，即所称的“定位法”，对于通读卜辞意义重大。甲骨文大多很碎小，定位法可以确定卜辞所在位置及行款走向，从而更好地解读卜辞内容。首先谈谈龟腹甲上卜辞分布及其行款走向。一整版龟腹甲一般由中甲、左右首甲、左右前甲、左右后甲、左右尾甲构成。龟版上契刻卜辞一般是沿着龟版首尾边缘和龟版中缝即“千里路”契刻。沿着中缝契刻的卜辞行款先向外，在右侧者向右行，在左侧者向左行。沿着甲首尾之两边的刻辞，向内，在右侧的刻辞向左行，在左侧的刻辞向右行。

牛胛骨上的刻辞多在正面，刻辞最多的部分多在左胛骨的右侧即外缘和右胛骨的左侧即外缘。因为左右肩胛骨的外缘部分较其他部分厚且骨质坚韧，所以占卜次数多，刻辞也就比较多，占全版刻辞的十之七八。左右胛骨的内缘下部骨质较松而薄，因而左右胛骨内缘下部刻辞要少于上部。而胛骨的中部骨质疏松且更薄，往往不用于占卜，一般刻辞较少。肩胛骨上的刻辞，在上部近于骨臼处，常有两条卜辞，其下有两个卜兆。这两条卜辞一般从中间向外契刻，在左面的刻辞下行而向左。在右面的刻辞下行而向右。左胛骨中部如有刻辞，则下行而右；右胛骨中部则反是，但也有下行而右者。至于一版牛胛骨上每一条卜辞的排列次序，无论左缘还是右缘都很规整。大多为一条一条的自下而上排列有序。也有不同卜辞先自下而上，再自上而下排列的。但也有卜问不同内容的刻辞相间排列，或者卜问同一事情而左右对贞的情况。

再谈谈非卜辞的记事文例，非卜辞的记事文例包括刻在甲骨上的记事文字和非甲骨上的记事文字。在甲骨上刻写的记事文字包括有关准备占卜材料的记事刻辞、表谱刻辞和记事文字。非甲骨上的记事文字包括人头骨刻辞、鹿头骨刻辞、牛头骨刻辞、骨柶刻辞、虎骨刻辞等。占卜前准备卜用材料的记事刻辞，一般称为五种记事刻辞，即甲桥刻辞、甲尾刻辞、背甲刻辞、骨臼刻辞、骨面刻辞。这五种刻辞中凡是记有“某入若干”的甲桥、甲尾、背甲等刻辞，就是某向商王朝贡纳龟甲若干的记载。有关“乞自某若干”的甲桥、背甲、骨臼、骨面等刻辞，所记为乞取、采集龟甲、兽骨之事。“屯”为乞取卜骨的单位，是指一对左右肩胛骨。一般有乞自某若干屯的记载，即得自某若干对骨版。有关“某示若干”的甲桥、背甲、骨臼、骨面刻辞，所记都为检视整治好的龟甲、兽骨以备卜用之事。在这些记事文字之后，或龟甲之偏僻处，常常有记史官的签名。其他的记事文字，在下文“甲骨文分类”部分有详细介绍。

四 甲骨文分类与断代的研究史

甲骨文的分类

从目前掌握的甲骨文材料看，从大类上说，甲骨文有商代甲骨文和西周甲骨文。具体地讲，殷商甲骨文又以殷墟甲骨文为大宗，以及殷墟以外的殷商甲骨文。殷墟甲骨文按照性质又可分为卜辞、记事文字、表谱刻辞、习刻等几种，其中卜辞又因占卜主体有商王与普通贵族的区别而分为王卜辞和非王卜辞。王卜辞按照分类断代的学者的研究方法，即先分类后断代的研究法，所分类别有所差异，容后文介绍甲骨断代时再详细介绍。

目前殷墟出土的非王卜辞主要有以下几种。

子组卜辞，这是陈梦家《殷虚卜辞综述》中最先提出来的，主要出于史语所 1936 年在小屯村北发掘的 H127 坑，集中著录于《甲骨文合集》第七册乙一类中，贞人有子、余、我、巡、帚。

午组卜辞，也是陈梦家《殷虚卜辞综述》中首先提出来的，比较集中的著录于《合集》第七册丙一类。另外，2002 年 6～8 月，安阳工作队在殷墟发掘，于 1973 年发掘地点的东部出土甲骨 600 多片，其中有字甲骨 228 片，内容涉及祭祀、征伐、天象等。至今尚未整理出版。黄天树《午组卜辞研究》一文认为多为午组卜辞。午组卜辞没有贞人，称为午组只是沿用陈梦家之说约定俗成的提法。

非王无名组，集中著录于《合集》第七册丙二类，本组未见贞人。

子组附属，集中著录于《合集》第七册乙二类中，本组亦未见贞人。

小屯西地甲骨文，前文已经介绍 1971 年小屯西地出土 10 片牛胛骨，其刻辞属于非王卜辞，见《小屯南地甲骨》一书中拓片编号“附 1”至“附 10”。未见贞人。

殷墟花园庄东地甲骨，1991 年在殷墟花园庄东地一个灰坑中出土甲骨 1583 片，其中有刻辞的达 689 片，全部著录于《殷墟花园庄东地甲骨》一书中，卜辞的占卜主体是被称作“子”的贵族，是典型的非王卜辞，占卜的事情主要是子的祭祀、田猎、学习、社交、疾病和医疗以及子的属下的一些情况等。

记事文字，殷墟甲骨文中存在一些记事文字，其与占卜无关，内容以叙事为主。这类文字按照体裁和记述的内容可分为如下几类：第一类是与占卜无关刻在甲桥、甲尾、骨臼、骨面等处，说明甲骨的来源。第二类主要契刻在虎鹿牛等野兽骨骼乃至人头骨上面，记述商王田猎所获、征伐功勋等纪念性文字。第三类是数字卦。第四类是骨符。第五类是鹿角器刻辞、骨器刻辞。下面具体谈谈这几种记事刻辞。

卜甲、卜骨上与占卜无关的记事刻辞。此类记事刻辞最早由胡厚宣首先揭示并系统研究，他在《武丁时五种记事刻辞考》（《甲骨学商史论丛初集》）一文中将此类记事刻辞概括为五种，即刻于龟腹甲两桥之背面的“甲桥刻辞”，刻于龟腹甲正面之尾端的“甲尾刻辞”，刻于龟背甲背面中剖线边缘的“背甲刻辞”，刻于牛胛骨骨臼内的“骨臼刻辞”，刻于牛胛骨宽薄一端之正面或背面近于两边缘地方的“骨面刻辞”。这五种记事刻辞主要是说明龟骨的来源。这五种记事刻辞的时代以武丁时期为多，武丁之后也有之，如甲尾刻辞也见于何组卜辞，骨面刻辞也见于历组卜辞。还有一些与祭祀有关的记事刻辞，如有的说明骨是来源于祭祀的牛牲，有的没有贞、卜字样，但是有祭祀先祖的用语，很可能也是用来说明此版骨来源于祭祀祖先的牛牲（李学勤《论宾组胛骨的几种记事刻辞》，《英国所藏甲骨集》下编上册附录，中华书局，1992）。

具有纪念意义的刻辞，如人头骨刻辞、虎骨刻辞、兕骨刻辞、兕头骨刻辞、鹿头骨刻辞、牛胛骨刻辞等。人头骨刻辞据宋镇豪《中国风俗通史·夏商卷》，第733～736页统计，共有15片，人头骨刻辞字体粗大，字数不多，主要是将被俘的敌国方伯首领献祭先王。虎骨刻辞刻在虎前腿骨制成的雕花骨柶上，仅一见，现藏加拿大多伦多皇家安大略博物馆，著录在《怀特氏等收藏甲骨文集》B1915片，全辞20字，字体粗大并经过修饰，刻口内镶嵌绿松石，记述商王获虎之事。兕骨刻辞，契刻在兕骨制成的雕花骨柶上，这样的骨柶目前有3件，著录于《殷契佚存》518、426、427号，其中427号还镶嵌了绿松石。这三骨刻辞内容前文已经做过介绍，此不赘述。

兕头骨刻辞，1件，1929年历史语言研究所第三次殷墟发掘所得，著录为《殷虚文字甲编》3939号（《合集》37398），记述商王捕获白兕一事。鹿头骨刻辞两件，分别为1929、1931年第三次、第四次殷墟发掘所得，著录为《甲编》3940、3941（《合集》36534、37743），文字残缺，推测内容是商王擒获野鹿之事。牛胛骨刻辞一件，《战后平津新获甲骨集·双剑誃所藏甲骨文字》第213片（《合集》36481号），俗称“小臣墙刻辞”，刻辞不全有残缺，胡厚宣推测全文长150~200字之多，记述商王征伐危方俘虏其伯长、人口、马匹、车辆、盾、箭等战利品并用俘虏献祭祖先之事。此骨的另一面刻有干支表。

数字卦，商朝人除了用钻灼甲骨检视卜兆的占卜方法外，还有用数字占卜的筮占法，其筮占遗迹就是殷墟甲骨上的数字卦。这种数字卦有三个数字、四个数字、五个数字、六个数字一组的均有发现。目前所见，殷墟甲骨上此类材料共有六版13条。

骨符，濮茅左认为上海博物馆藏一矩形骨版是商代的骨符。拓片著录于《合集》20505号，刻辞直书右行，共五行，每行两字，内容为“庚戌，王令伐旅帚。五月”。濮茅左推测该骨还有尺寸相同的另半块，可能是王持右半，受命者持左半（濮茅左《商代的骨符》，《第三届国际中国古文字学研讨会论文集》，香港中文大学，1997）。若然此说成立，该骨版当是我国历史上最早的军事信物。

鹿角器刻辞和骨器刻辞，著录于《甲编》3942片，上有“亚雀”二字，亚雀是商王武丁时期重要的贵族和官员，关于他的活动频见于武丁时期的宾组卜辞。骨器刻辞，契刻在骨笄、骨刀、骨匕等器物上，用来说明骨器的来源、质料、数量或所有者。

表谱刻辞，一说始见于陈梦家《殷虚卜辞综述》，其中包括干支表、祀谱和家谱。商人以干支记日，殷墟甲骨文中也有成行契刻干支的干支表，如《合集》37986。干支表多契刻在牛胛骨上，一般纵向排列，每行一甲十日。完整的干支表共有六行，十甲六十日。殷墟甲骨文中不完整的干支表多见，干支表多为习刻之作，一版胛骨上一组干支表刻上两至三遍正是习刻的反映。完整的干支表或许也有备忘的功能。

祀谱，所载为商王“周祭”先王的次序，如《合集》35406、39455片，祀谱也可能具有备忘的性质。甲骨文中有一种被称为“四方风名”的甲骨，见《合集》14924。从《合集》14925片有禘祀四方神、四方风的卜辞来看，这版可能也是神谱或祀谱。

家谱刻辞即记载着家族世系的刻辞，刻辞作“某子曰某”、“某弟曰某”的形式，目前这样的刻辞大致有二版，即《库方二氏藏甲骨卜辞》1506（即《英藏》2674）记载着皃家族中自先祖吹以下的11代13人的名字。《合集》14925残辞，仅存4字，从其内容上看也是家谱刻辞。关于家谱刻辞的真伪问题的争论，前文已经做了较为详细的介绍。

习刻，即刻手模仿、练习之作。这类文字一般刻在废弃或卜用过的甲骨上。有习字之刻，一般字体歪斜，书法稚嫩，不成辞句。有习辞之刻，以卜辞为蓝本仿刻，字体较幼稚，行款较乱，但少数字体较熟练，只是行款不整齐。有示范之刻，是提供给习刻者的范本，有与习字、习辞之刻混杂的，也有单独刻在骨版上的。仿刻与范刻文字与卜辞是有区别的，这类刻辞背面无钻凿、无灼烧痕迹，也并非占卜的记录。有一种有字的牛肋骨也属于习刻。

殷墟以外的商代有字甲骨的数量不多，有卜辞也有习刻。2003年3月济南大辛庄商代遗址出土卜甲上残存卜辞16条，与殷墟卜辞风格接近。相关研究参考山东大学东方考古中心、山东省文物考古研究所、济南市考古所《济南市大辛庄遗址出土商代甲骨文》（《考古》2003年第6期）。孙亚冰、宋镇豪《济南大辛庄遗址新出甲骨卜辞探析》（《考古》2004年第2期）。朱凤瀚《读济南大辛庄龟腹甲刻辞》，《商周家族形态研究》（增订本），第617页。1953年郑州二里冈遗址采集到一件刻字牛骨上有10字，应属卜辞性质。郑州商城也曾发现过一些兽骨刻辞，文字只有一两个，性质尚难以断定。

西周甲骨文从1950年代至今陆续有所发现，特别是近年在陕西周公庙遗址发现大量西周甲骨文。目前所发现的西周甲骨文大致可以分为卜辞、记事文字、数字卦三类。

甲骨文断代研究的历史

甲骨文断代是指依据甲骨文字体、内容、语法结构、甲骨出土层位及同出器物、甲骨的钻凿形态等项标准，判别私掘和科学发掘甲骨文材料的时代的研究工作。甲骨文的大致时代是盘庚迁殷至纣王亡国，约273年的晚商历史。在这一时段内的晚商社会政治经济发展并非一成不变的，只有将这一时期的甲骨文材料进行区分时代的处理，才能把有关商代社会历史的研究置于可靠的基础之上。十多万片甲骨本身，在文字、反映的礼制、经济、政治等内容，在不同时期都有不同的特点。

甲骨文断代的早期探索，甲骨文发现以后，学者的研究已经注意到甲骨文时代的问题。直到王国维1923年发表《说殷》才真正说清了殷墟作为商代都城存在了多长时间的问题。其后，王国维在《殷卜辞所见先公先王考》一文中讨论了甲骨文断代的问题，首先用卜辞印证、修正了《史记·殷本纪》、《世本》中商先王世系，为甲骨文断代提供了重要参照。成功地通过卜辞中的亲属称谓及其相互关系来推定卜辞时代，尝试通过卜辞中出现的先王序列判断卜辞的时代。后来，明义士也用心考虑过甲骨文断代问题。1928 年他在《殷虚卜辞后编》序中曾表述过自己的一些看法，该序文未发表，由曾毅公翻译，后来由李学勤择要摘录附于他论文后，参见李学勤《小屯南地甲骨与甲骨分期》（《文物》1981 年第 5 期）。明义士的研究方法是“字体”与“称谓”并重，对大量甲骨进行系统断代，即先以“字体”、“书体”等特征将甲骨分为若干组，再按照每组甲骨中亲属称谓定其时代。明义士根据“字体”、“称谓”对甲骨分组断代的卓识是值得肯定的，惜他的意见很长时间没有发表出来，未得到学术界的足够重视。自 1928 年历史语言研究所开始发掘殷墟以来，大量具有明确出土地点的完整甲骨材料呈现在学者眼前，才真正打开甲骨文断代研究的局面。

首先是董作宾甲骨文断代“五期说”、“十项标准”的提出及修正。董作宾先是发现洹南、小屯村北、村中发现甲骨文字不同，怀疑可能是时代不同造成的，开始思考甲骨的断代问题。第三次发掘时发现了四块比较完整、刻辞较多、内容重要的卜用龟腹甲，即著名的“大龟四版”。董作宾发现了大龟四版中“卜”下、“贞”上一字是贞卜命龟者即“贞人”的名字。提出同一版上的贞人差不多同时，可由贞人定卜辞的时代。贞人的发现以及五次殷墟发掘出土甲骨在坑位、文字上的差别，使董作宾有了比较明确的系统解决甲骨断代问题的思路。他在《大龟四版考释》（《安阳发掘报告》第 3 期，1931 年）中简要的表述了一些看法，提出了八项断代标准：坑层、同出器物、贞卜事类、所祀帝王、贞人、文体、用字、书法。在这里他只是用这八项标准考查大龟四版尝试性的讨论了甲骨断代，只限于武丁一世的贞人，尚未展开论述。1933年1月董作宾《甲骨文断代研究例》的发表，提出了依据世系、称谓、贞人、坑位、方国、人物、事类、文法、字形、书体十项甲骨文断代标准，并用这些标准全面考察当时已经著录的甲骨文材料，将它们初步分为武丁及其以前（包括盘庚、小辛、小乙）；祖庚、祖甲；廪辛、康丁；武乙、文丁；帝乙、帝辛五期。董作宾提出的十项甲骨文断代标准，在甲骨学发展的今天看来，大部分标准仍然很重要，但在使用时有些问题还是需要注意。商王世系的确定耗费了几代学者的精力，起初是以《史记·殷本纪》所载商王世系与卜辞所见世系相互比较，后来又借助周祭卜辞的材料，确定商先王及部分商先妣的世系。关于商王世系的研究史可以参考王宇信、杨升南主编的《甲骨学一百年》，第436～442页有详细叙述。所说的周祭是按世次日干用彡、翌、祭、壹、劦五种祀典逐日祭祀先王先妣，自上甲起的所有直系、旁系先王及直系先王的配偶都是祭祀的对象。利用周祭卜辞排比出周祭祭祀对象的谱系，就能够得出一个准确的商代先王先妣世系图了。在董作宾之后，先后有陈梦家、岛邦男、许进雄、常玉芝等学者对周祭进行了系统的研究。商王世系基本上有一个可靠的谱系了，但是根据这个谱系，有时候只能断定某条卜辞的上限而不能确定其下限，还需要考虑其他的参照标准。王卜辞中的亲属称谓是时王对其祖、妣、父、母、兄的称呼，可以直接用来考定时王，判断出卜辞的时代。称谓是最容易发现又很直接有效的甲骨文断代方法。但是也要注意各个时期商王的日名有重复的情况，单独一个称谓不一定就能断定卜辞的时代。比如说父丁这一称谓，商代时王称父丁的可以是祖庚祖甲称武丁，也可以是武乙称康丁，也可以是帝乙称文丁。使用称谓这一断代方法时应注意称谓与庙号的区别，王卜辞与非王卜辞中亲属称谓的区别。贞人，可谓董作宾甲骨文断代理论的核心，董作宾研究贞人的目的是以称谓等标准尽量的找出各王世的贞人，再通过贞人的同版关系把贞人系联为“贞人集团”，来确定更多贞人的时代，为分期研究打下坚实的基础。但是后来董作宾兴趣转移到殷代历法，未能对贞人再做全盘的整理检讨。继董作宾之后陈梦家在甲骨断代中重新考察了殷墟卜辞中的贞人。他把董作宾所说的“贞人集团”发展为更加精细的“卜人组”。在寻找贞人间的关系时，他充分利用了卜辞字体、内容的特征。他重视以坑位为单位开展研究的方法。通过贞人系联把贞人分为若干组，并用典型的贞人给各组命名。找出宾组、出组、何组、师组、子组、午组，陈梦家据这几组卜辞的字体、内容，定其时代为武丁时期。对于不能利用同版关系分组的贞人，陈梦家就根据卜辞的字体、文例、事类将它们列在各王世之下。武乙时期的贞人，只找到了“历”，帝乙帝辛时期的贞人他找到了六位，但是没有进行分组。经过陈梦家精细地研究找到了宾组贞人 16 位，宾组附属24位，午组2位，师组3位，子组7位，子组附属3位，武丁时不附属组9位，出组13位，出组附属4位，祖甲时不附属组5位，何组13位，廪辛时不附属组5位，再加上武乙、帝乙帝辛贞人7位，共计120人。参见陈梦家《殷虚卜辞综述》第205页。陈梦家精细的分组研究很好地推进了甲骨文断代工作的发展，他提出的贞人组概念基本为甲骨学者所接受并沿用。后来岛邦男核对董作宾和陈梦家研究的卜辞，逐一考辨，加上他个人的发现，共得贞人115人。其中第四期贞人与董作宾所定多有重复，即大部分属于陈梦家所分的师组、子组。详见岛邦男《殷墟卜辞研究》（濮茅左、顾伟良译本），第1～58页。此后，饶宗颐也对殷墟卜辞中的贞人做了全面的考察，其著《殷代贞卜人物通考》详考117位贞人的时代、事迹及所卜事类，备考者亦有20位，共计137位贞人。饶宗颐在书中列出了贞人同版关系表、同辞关系表、各期贞卜事类表，非常利于后来的研究者复核参考。但是饶宗颐过于强调多数贞人在武丁时期都已出现的观点，结果把一些陈梦家等定为第二期甚至第五期的贞人都提前到了武丁期。经过董作宾、陈梦家、岛邦男、饶宗颐的精心研究，殷墟卜辞中的贞人大体确定了。虽有1973年小屯南地甲骨、1991年殷墟花园庄东地甲骨的出土增加了一些贞人，但是小屯南地甲骨贞人稀少，花东卜辞贞人为子及其臣属，并且数量不多，增补也容易，目前学界不再大事考察殷墟卜辞中的贞人。在利用贞人进行甲骨断代时，应该注意到贞人的活动时间并非完全和王世对应，把一组贞人完全限定在一个或两个王世的做法是有缺陷的。经过近年学者对甲骨文字体的研究，认识到贞人的活动时间与王世是交错的，新旧各代贞人活动的时间也有部分重叠，老一辈贞人还在活动时，新一辈贞人已经开始活动了。贞人也不是甲骨断代的唯一标准。

董作宾所说的坑位，实际上是当时配合考古发掘的进度，人为的划分出来的五个区域，并不是今天说的坑位、房屋基址、墓葬等出土甲骨文的考古学单位及其考古学地层。董作宾没有从考古地层角度分析甲骨时代，是由当时考古发掘水平造成的。他所说的坑位标准可以用考古学地层来取代。考古学地层主要是指出土甲骨的考古学单位之间或与其他单位之间的叠压打破关系，即早晚相对的地层关系。但是地层早晚关系的确认，还需要同坑内出土器物的时代来确定。目前绝大多数学者都承认，凡是经过科学发掘、出土地点明确的甲骨，必须运用考古学地层来断代。如师组、子组、午组卜辞的时代最终确定在武丁时期，就是经过科学发掘的小屯南地甲骨的地层关系得以确定的。

方国即甲骨文中所见的与商王国发生关系的诸方，他们对商王国时叛时服。甲骨文材料显示，不同商王在位期间，与商王国作战的方国也不同，王世与方国之间的对应关系为甲骨文断代提供了新的线索，方国与诸上断代标准相较更为间接。运用这一标准的前提是搞清楚甲骨文材料中某一王世经常出现的方国，才能再去推测其他记载有这些方国的甲骨文的时代。这样判定出来的方国属于哪一王世，似乎更像是断代产生的结果。但据目前所见材料看，在甲骨文断代方面有较大参考的方国数量很少，有些方国在好几个王世都与商王国为敌，这对断代来说参考作用就差一些。

人物与方国一样都是间接的断代标准。使用人物这一断代标准之前，需要依靠断代明确的甲骨文材料中出现的人物大约生活在哪一个王世，才能反过来依据时代明确的人物来推测甲骨文的时代。董作宾所提到的人物都是有一定社会身份的人物，如史官、诸侯、小臣，并考察了武丁时期的师傅、妻子、儿子，但在考察史官时，董作宾直接以贞人代替史官。贞人已经是一个断代标准，又混入人物史官一类中，于断代体例不太合适。在《甲骨文断代研究例》之后，胡厚宣所作《殷代的史为武官说》、《武丁时五种记事刻辞考》、《殷代封建考》、《殷代婚姻家族宗法生育制度考》几篇文章详细考察了甲骨文所见各期史官、侯伯及武丁的妇、子，所列各期人物比董作宾所列大增，可以增进读者对人物这项断代标准的认识。人物是间接的断代标准，在运用这一标准时，需要以贞人、字体等其他标准给予检验。同时，不同类甲骨文里存在相同或相近人名的现象。这可以从两个方面来谈，一方面甲骨文中确实存在着少数异代同名的现象，有些学者以人名、地名、族名合一，世代承袭不变来解释，这是合理的解释。另一方面是学者对一些不同组甲骨文中相同或相近的人名，如宾组和历组中的妇好等人物，是否为同一人尚有不同看法，这主要涉及学者对历组卜辞时代的争论。

事类，指甲骨文所见的各项占卜内容，如祭祀、战争、卜旬、畋游等。董作宾认为各王世占卜事类均有特点，可以将事类列为断代标准。但卜辞所见事类要远远多于董作宾所列的各项，如果以事类作为断代标准，前提是要翻遍所有甲骨，找出所有事类，然后再做大量系统的研究，了解每一事类卜辞在各期中的特点。这就是说先要有很多断代明确的相关卜辞，才能得出若干结论。这样的研究方法几乎不可行。董作宾所说的“文法”标准，指五期卜辞中字数的多寡、语句结构的变化、常用词语的特点，这也是先据时代明确的卜辞材料，归纳出在各期中的文法特点，然后作为断代的标准，仍属于间接的断代标准，在断代上的作用是有限的。董作宾所说的“书体”包括书契工具、涂朱涂墨、各期甲骨比例、行款等内容，多属于甲骨文例中的问题，与字体无关，断代的作用也不大。董作宾在字形这一标准中，讨论了甲子表、习见字的演变、象形变为形声，月夕二字互易混用。他的思路和方法依旧是先排列各期甲骨文材料，再归纳总结，用所得结论指导分期。这样的思路实际上是把字形和书体看作与事类、文法相同的间接断代标准。董作宾所举的字形和书体断代标准，并非像现在学者那样按照字体给殷墟甲骨文先分类，再讨论各类的时代。

综上所述，董作宾在《甲骨文断代研究例》中提出的十项断代标准中，对于今天甲骨文断代研究仍有重要作用的是“世系”、“称谓”、“贞人”，五期分法在甲骨学史上影响很大，今天仍有很多学者坚持使用。后来董作宾受到新材料和《殷历谱》研究的启示，对十项断代标准和五期分法做出了修订。其中修订最大的两处是：提出第一期卜辞不仅限于武丁一世，可能上及盘庚、小辛、小乙，下至祖庚；提出原第四期卜辞往往省去"贞"字，卜字后的人名仍然是贞人，原第四期卜辞多混入第一期，它们大多属于"文武丁"卜辞。进而提出"文武丁复古"和卜辞"分新旧派"的研究。后来学者找到了卜辞和考古学上的可靠证据，证实董作宾所谓的"文武丁"卜辞的时代还应在武丁之世，分派说不能够成立。

"历组"卜辞时代的讨论与甲骨文断代"两系说"。前文已经述及关于师组、子组、午组卜辞时代的讨论，推动了甲骨文断代研究的深入和精细化，促使学者对董作宾旧有甲骨断代体系中存在的问题与不足的思考。由于新材料的发现，促使学者提出并发展新观点。有学者利用小屯南地甲骨和殷墟妇好墓发现为契机，主张将原来第四期的卜辞按照字体分类，分出"历组"，其时代可上移至武丁晚期至祖庚时期。此说提出引起甲骨学者的热烈讨论，使对历组卜辞的研究成为1980年代最重要的甲骨学课题，至今仍受学者关注。1976年在小屯西北发现一座中型贵族墓，出土大量的青铜器、玉器、骨器、象牙器、石器和陶器，许多铜器上都有"妇好"铭文，有学者认为该墓墓主即殷墟卜辞中武丁配偶妇好。1977年在五号墓东侧发现了两座中型墓，其中编号为十八号墓内铜器上有"子渔"铭文，有学者认为该墓墓主是卜辞中所见“子渔”。这两处发现的铜器铭文中“妇好”、“子渔”见于第一期卜辞，但是董作宾所分的第四期武乙文丁卜辞中也有妇好和子渔这两个人物，那么是否因此把五号墓的时代改为殷墟晚期呢？学者一般是在董作宾的五期说前提下，认为五号墓反映的墓主只能是一期卜辞中权力很大的妇好，而不可能是第四期卜辞中的人物。李学勤则提出第一期与第四期中的妇好、子渔都是同一个人，并非在早晚期重复出现，董作宾所分的第四期卜辞时代应该向前提。他于《论“妇好”墓的年代及有关问题》（《文物》1977 年第 11 期）一文中提出了“历组卜辞”的概念，用来称呼一批出自村中，契刻于卜骨上，字体大而细劲，只有一个贞人“历”的卜辞。按照以往的分期方法是划为第四期的，妇好墓出土铜器与玉石器上的文字字体接近历组卜辞，该墓出土器物的殷墟早期特征说明其时代不能后移，历组卜辞的时代应处于武丁晚年至祖庚时期。李学勤关于历组卜辞时代的意见发表后，质询者多支持者少。1980 年《小屯南地甲骨》上册出版，又提供了大量科学发掘的历组卜辞材料，大大促进了学者对历组卜辞时代的讨论。一些学者细致研究这些卜辞之后，撰文支持李学勤关于历组卜辞时代前移的意见。同时，以小屯南地甲骨的发掘整理者为代表的学者仍不同意李说。双方展开了热烈的讨论，成为 1980 年代甲骨学讨论的焦点问题，至今也时有相关文章讨论。

争论的焦点从如下八个方面展开：字体，事项，称谓和世系，异组同版，地层，人物，钻凿形态，真正的武乙文丁卜辞。经过学者对历组卜辞时代问题的深入讨论，殷墟甲骨文断代方法和理论有了很大的进步。在甲骨文分类、钻凿形态研究等领域投入了巨大的精力，许多具体问题也得到了充分的考虑，取得了多方面的成果。持早期说的学者在促进甲骨文断代研究进一步走向细致化、系统化、理论化方面做出的贡献更多。历组卜辞时代问题短期内彻底解决的可能性不大，争论的双方至今仍未达成共识，这个问题的解决有待于殷墟甲骨新发现和一些具有决定性作用的新材料的出土。

经过历组卜辞时代的讨论，学者们对甲骨文断代理论有了新的发展。殷墟甲骨文断代工作实际上经过两个步骤，即分类与断代，分类是断代的前提和基础。李学勤最先明确提出了分类和断代是两个不同的步骤，强调甲骨文的某一类与王世之间并无一一对应关系。1981 年李学勤在《小屯南地甲骨与甲骨分期》（《文物》1981 年第 5 期）一文中，沿用陈梦家把甲骨文分为卜人组的做法，将殷墟甲骨文主要按照字体分为九个明确的甲骨组（类）。但是将甲骨文分为若干类的依据是什么？学者间也有不同的看法，林沄于 1986 年发表《无名组卜辞中父丁称谓研究》（《古文字研究》第 13 辑，中华书局，1986）一文，认为分类只能依据字体，视字体为分类的唯一标准。目前对殷墟甲骨文做过系统分类工作的有李学勤、彭裕商合著的《殷墟甲骨分期研究》一书和黄天树的《殷墟王卜辞的分类与断代》。前者在李学勤提出的师组、历组、宾组、出组、何组、无名组、黄组的基础上，进一步按照字体在各组中再分出若干亚类和小类，共得27个亚类和小类。后者则主要依据字体给王卜辞做了分类，共得22类。分类之后的工作即是断代，李学勤、彭裕商提出断代标准有三项：称谓系统、考古学依据、卜辞间的相互联系。卜辞间的相互联系包括卜辞记载的事件、人物、国族以及钻凿形态、有特征的字体等一切形式上的演变（《殷墟甲骨分期研究》，第21页）。李学勤在其卜辞分组说基础上又提出了殷墟王卜辞发展两系说，即殷墟甲骨可以划分为两大系统，一个系统是由宾组发展到出组、何组、黄组；另一个系统是由师组发展到历组、无名组。两个系统间有一定的互相关系，但在出土地点、甲骨质料、修治方法、钻凿形态、卜辞格式、文字风格上都有差异。后来林沄发现了师组与宾组间的过渡字体，从宾组中划出师宾间组，因此提出王卜辞是由师组分化为两个各有特点的演进序列的，黄组卜辞又反映了两系后来又合流的迹象（参见林沄《小屯南地发掘与殷墟甲骨断代》《古文字研究》第9辑，中华书局，1984）。李学勤、彭裕商《殷墟甲骨分期研究》和黄天树《殷墟王卜辞的分类与断代》都进一步证实了这一思路。甲骨文发展的两系说较好地总结了殷墟各类卜辞的特点，并对其发展演变的情况提供了一个相对合理的解释。

殷墟非王卜辞的断代，前文已经谈到殷墟非王卜辞主要有子组卜辞、午组卜辞、子组附属、非王无名组、小屯西地甲骨文和花园庄东地甲骨。后两者已经自成一类，无须再分类，只有断代问题。上文已经介绍了子组和午组卜辞时代的确定情况。下面主要介绍其余几种非王卜辞的断代。非王无名组和子组附属卜辞的时代，判断这两种卜辞的时代，主要依据它们与其他卜辞的同版关系、同坑关系、地层关系。从这几方面看，它们只与师组、子组、宾组等武丁时代的卜辞有联系，故其时代应在武丁时期，也有学者进一步判断其时代在武丁中期。小屯西地甲骨文的时代主要考虑其字体与王卜辞的无名组相近，且同一地层出土的陶器相当于康丁至文丁时期，故推断其时代约在康丁前后。

花园庄东地甲骨文的时代，这是非王卜辞中最为重要的一批，目前学者基本认为这批材料是武丁时期的，但具体是武丁早期、中期还是晚期，学者间尚有不同意见。发掘和整理这批材料的学者认为在武丁早期；也有学者将花东卜辞中征召方事与历组卜辞中伐刀（召）方卜辞联系起来，提出花东甲骨文的时代为武丁晚期，上限可能及于武丁中期。也有学者根据地层与所见人物，推断花东卜辞时代为武丁早期至中期偏早。

西周甲骨文的断代，1954 年山西省洪赵县坊堆村出土的有字卜骨，李学勤据与甲骨同出铜器、陶器等遗物判断为西周初期之物。参见李学勤《谈安阳小屯以外出土的有字甲骨》，《文物参考资料》1956 年第 7 期。1956～1957 年，陕西省沣西张家坡出土的几片有字卜骨，从出土地层判断，当属于西周时代。1975 年北京市昌平白浮村发现的有字卜甲，系出于周初墓葬，时代明确。1980 年代末，在北京市房山县镇江营出土的一片有字卜骨，也属于西周早期之物。1996 年北京房山县琉璃河燕都遗址发现的 3 片有字卜甲，据“成周”刻辞，也属于西周早期，其上限当在周成王时期。1979 年，陕西省扶风县齐家村采集的 6 片有字甲骨，其甲骨形态整治方式、卜辞语气用字都与殷墟甲骨不同，有学者认为是西周甲骨，时代在周昭王、穆王时期。1991 年在河北邢台市南小汪发现的 1 片有字卜骨，从钻凿形态、字体以及同出陶器的时代推断当属于西周时期。1977 年陕西省岐山县凤雏村出土大批甲骨，由于学者对这批甲骨的内容和性质有不同的认识，所得甲骨的时代也有差异。主要有如下几种意见。

王玉哲认为这批甲骨绝大多数是商纣王时的王室卜辞，小部分属于周人，时代略晚于商王室卜辞（《陕西周原所出甲骨文来源试探》，《社会科学战线》1982 年第 1 期）。徐中舒认为绝大部分是周文王时代的遗物，也应当有周成王遗物在内（《周原甲骨初论》，《古文字研究论文集》，四川大学学报丛刊第十辑，1982 年）。陈全方认为早到周文王，迟到成王、康王。李学勤认为应包括文王至昭穆间的时期（《绪论西周甲骨》，《人文杂志》1986 年第 1 期）。此外，徐锡台、王宇信、朱歧祥还做了系统的分类断代研究。徐锡台《周原甲骨文综述》通过考察分析甲骨文字体、内容及同出器物，指出凤雏甲骨一部分相当于王季晚期或文王早期，大部分卜甲属于文王中、晚期，极少数可能属于武王时期和周公摄政时期。王宇信《西周甲骨探论》把“王”字字体变化作为分析凤雏甲骨文时代的线索，并通过这批材料自身的考证研究，将有“王”字的刻辞分为文王受命前；文王受命后；武王、成王、康王；昭王、穆王四种类型。又把无王字的26片甲骨分别归为文王时期5片，武成康时期21片。于此基础之上提出，凤雏村甲骨中有8片是商王帝乙帝辛时物；15片文王时期，213片武成康时物。朱歧祥《周原甲骨研究》通过对比凤雏甲骨与殷墟甲骨中的“王”字，寻找到断代的途径。认为凤雏甲骨同时有殷人、周人之物，且都见王字。殷人甲骨王字字体有武乙文丁间的，也有帝辛时期的，周人甲骨王字字体为早周时期。

近年新见周公庙甲骨文的时代，由于相关材料尚未公布，只能谈谈已经公布的有限的甲骨文材料的时代。2003年年底发现的两片有字背甲，经过“周公庙遗址新出甲骨座谈会”专家的讨论，基本肯定其为周人遗物，并据字体、习语判断其时代在商末周初。2004年公布的周公庙遗址字甲4片，李学勤已经有较好的考释，大体为西周早期之物。周公庙遗址出土周人甲骨的大部还有待全部材料的公布，再做出进一步的探讨。

五　甲骨文工具书的编纂史

1　甲骨文工具书的种类

甲骨文工具书的编纂是甲骨学领域中极为重要和有意义的工作。编纂甲骨文工具书一方面是对以往研究成果的总结，另一方面又可以为学者研究提供方便。甲骨文发现110年以来，不断有学者致力于甲骨文工具书的编纂。最早当推罗振玉《殷虚书契考释》、《殷虚书契待问编》，此后至今，甲骨文工具书的编纂，大致经历了三个繁盛阶段：一是20世纪二三十年代，以王襄《簠室殷契类纂》、商承祚《殷虚文字类编》、孙海波《甲骨文编》、曾毅公《甲骨地名通检》以及日本高田忠周《古籀编》等为代表。二是20世纪五六十年代，以金祥恒《续甲骨文编》、中国科学院考古研究所编辑《甲骨文编》（改编孙海波《甲骨文编》）、李孝定《甲骨文字集释》、日本岛邦男《殷墟卜辞综类》、永田英正《京都大学人文科学研究所藏甲骨文字索引》等。三是1980年代以来，主要有高明《古文字类编》，徐中舒主编《汉语古文字字形表》、《甲骨文字典》，日本高岛谦一《殷虚文字丙编通检》，孟世凯《甲骨学小词典》、《甲骨学词典》，赵诚《甲骨文简明词典——卜辞分类读本》，姚孝遂主编《殷墟甲骨刻辞摹释总集》、《殷墟甲骨刻辞类纂》，崔恒升《简明甲骨文词典》，饶宗颐《甲骨文通检》，松丸道雄与高岛谦一合编《甲骨文字字释综览》，刘兴龙《新编甲骨文字典》，方述鑫《甲骨金文字典》，于省吾主编《甲骨文字诂林》，李圃主编《古文字诂林》，季旭昇《说文新证》，刘钊等编《新甲骨文编》，蒋玉斌《新出甲骨文编》，陈年福《殷墟甲骨文摹释全编》等。上述工具书按照内容体例可分为，字汇、索引、字典及辞典、集释、通检、论著目录、研究成果汇编等几个大类，下面分类介绍每一类工具书的编纂发展情况。

各类甲骨文工具书的编纂

（1）甲骨文字汇类工具书的编纂。

自甲骨文发现以来，学者一直关注甲骨文字形的汇集和字数的统计，由于新材料的不断出土、流传、公布，甲骨文字汇类工具书的编纂也相应时有推出，新字数也在不断增加。最初罗振玉的《殷虚书契考释》和《殷虚书契待问编》，可谓奠定了后来甲骨文字汇工具书编纂的基础，二书重在审释甲骨文字，各有所侧重，前者专注于当时著录甲骨文书中的已识字，后者是未识字的汇编。在增订本《殷虚书契考释》中，已识字已经达到571个，《待问编》所收未识字1003个。

到了 1920 年王襄《簠室殷契类纂》中收已识和未识甲骨文单字 2867 个。甲骨文发现 110 年来，中国科学院考古研究所据孙海波《甲骨文编》改编的 1965 年出版的《甲骨文编》，以及台湾金祥恒编《续甲骨文编》（1959 年），一直是研习甲骨文字者最主要的两种常用甲骨文字汇工具书。1965 年版《甲骨文编》依《说文》部首次序编排甲骨文字资料，每个隶定字之下列甲骨文字原篆，不引卜辞，标示出处，交代《说文》是否有此字。《说文》所无字则说明字的构形，部分文字有简捷的考释。正编十四卷、合文一卷，不能辨识或未成定论者入附录或待问编，书后附“引书简称表”和“检字表”。后出的《甲骨文编》未能参考金祥恒编《续甲骨文编》，实为历史的遗憾。改编本《甲骨文编》所据甲骨文著录书 40 种，《续甲骨文编》所据甲骨文著录书籍 38 种，二者所据甲骨文著录书互有异同，可以参校使用。

那么目前所有已经著录的甲骨文材料中，甲骨文单字数量到底有多少呢？1990 年代，台湾李宗焜在北京大学攻读博士学位，对甲骨文单字的数量做了一次统计，他认为“要精确地估算殷墟甲骨文单字数目，必须具备三项条件：①全面掌握资料；②正确摹释文字；③正确判断字的分合。这三个条件缺一不可。任何一方面做的不够理想，都会直接影响到估算的正确性”（李宗焜《殷墟甲骨文字表》，北京大学博士学位论文，1995 年，第 3 页）。他分析研究统计得到的殷墟甲骨文单字总数的最大值是 3948 个，最小值是 3809

个。2001年沈建华、曹锦炎编著的《新编甲骨文字形总表》出版，胪列字头4071个，去重复的“祖先”项85个，共得单字3986个。这两种统计都没有算上殷墟花园庄东地出土甲骨中新见的甲骨文字。2008年上海辞书出版社出版了沈建华、曹锦炎对是书的修订本，更名为《甲骨文字形表》，相比第1版而言，新版收集原《新编甲骨文字形总表》遗漏的异体字形，同时又增加了《甲骨文合集补编》和《殷墟花园庄东地甲骨》新见的甲骨文字和异体字，全部收集甲骨文总计6211，单字4024字，异体字2187字，修补字头380个。作者历经数年多方校勘，使《甲骨文字形表》在目前堪称完备，大大方便了学人的检索。《甲骨文字形表》的出版，与2006年出版的《甲骨文校释总集》配套成书，是对甲骨学研究的一大贡献。

（2）甲骨卜辞索引工具书的编纂。

甲骨卜辞索引工具书，是专以甲骨文辞条为检索内容的工具书。既可以弥补字汇书缺乏对实际甲骨用语的引录，又更加利于正确了解甲骨文字词性、辞例用法和综合掌握、排比考察具体史料，使学者省时省力，达到事半功倍的效果。甲骨卜辞索引类工具书的编纂，始于罗振玉《殷虚书契考释》初印本（1914年），其“卜辞第六”中，把有关甲骨卜辞按事类录甲骨文辞条，并记下每条卜辞的片号出处。此一体例已经开这类索引工具书的先声。后来有不少甲骨著录书往往附有类似的索引。专门性的甲骨文辞条索引工具书的编纂，主要有两种形式：一种是专书或单篇资料索引。如永田英正《京都大学人文科学研究所藏甲骨文字索引》，高岛谦一《殷虚文字丙编通检》，中国社会科学院考古研究所编《小屯南地甲骨》下册第一分册“索引”，姚孝遂主编《殷墟甲骨刻辞摹释总集》。最近曹锦炎、沈建华编纂的《甲骨文校释总集》全20册（上海辞书出版社，2006），收入甲骨文6万余片，是目前对商代甲骨文全面整理的成果，也是研究甲骨文的一部重要工具书。是书所校释甲骨文著录书有《甲骨文合集》、《甲骨文合集补编》、《英国所藏甲骨集》、《小屯南地甲骨》、《怀特氏等所藏甲骨文集》、《东京大学东洋文化研究所藏甲骨文字》、《天理大学附属天理参考馆藏甲骨文字》、《殷墟花园庄东地甲骨》等九种。浙江师范大学陈年福编撰《殷墟甲骨文摹释全编》（全10册），线装书局2010年12月出版。是书摹写释读《甲骨文合集》、《甲骨合集补编》、《小屯南地甲骨》、《英国所藏甲骨集》、《怀特氏等所藏甲骨文集》、《东京大学东洋文化研究所藏甲骨文字》、《天理大学附属天理参考馆甲骨文字》、《殷墟花园庄东地甲骨》、《瑞典斯德哥尔摩远东古物博物馆藏甲骨文字》、《联合书院图书馆东莞邓氏旧藏甲骨》、《谢氏瓠卢殷墟遗文》、《殷墟拾掇三编》、《北京大学珍藏甲骨文字》、《上海博物馆藏甲骨文字》、《殷墟甲骨辑佚》、《甲骨叕合集》、《甲骨缀合续集》、《甲骨拼合集》等19种甲骨文字资料，是目前对商代甲骨文全面汇集、摹写、释读的最新成果。另一种是“综类”或“类纂”，汇总多种甲骨著录资料按字类或其他形式进行辞例文句编纂的工具书，以便于检索。这方面最重要的工具书当数日本学者岛邦男编著《殷墟卜辞综类》，以及姚孝遂主编《殷墟甲骨刻辞类纂》二书。《殷墟卜辞综类》汇集了1967年以前出版的63种甲骨文著录书而编成的辞例文句检索工具书。是书按甲骨字类及有关卜辞恒语、用词收录甲骨辞句，书后有附录“五期之称谓”、“世系”、“先王先妣祀序”、“贞人署名版”、“通用·假借·同义用例”等。是书按照甲骨文字自身的形体结构特点分部别居原则，从而归纳164个部首，较好地解决了甲骨文字因与《说文》小篆年代相隔久远而形体差别颇大，难以“以类相从”的编排难题。这部书以其独创性的编纂体例，完备而详细的资料排列，综合分析相兼的内涵，便捷而精细的检索方法，在甲骨文字工具书编纂史上有里程碑式的划时代意义，其学术价值不容忽视。姚孝遂主编《殷墟甲骨刻辞类纂》，编纂的目的，因为《殷墟卜辞综类》之后陆续出土和著录了一些新的原始资料，尤其是《甲骨文合集》的出版，原始资料相对集中，《综类》使用旧著录号已经无法与《合集》配合使用，故编纂《类纂》以适应学界的需要。《类纂》与按照片号逐一集录甲骨文辞例文句的专门性资料索引书《殷墟甲骨刻辞摹释总集》实为姊妹编，是一部汇总《甲骨文合集》、《小屯南地甲骨》、《英国所藏甲骨集》、《怀特氏等收藏甲骨文集》等甲骨著录书而编成的一部辞典性质的工具书。体例与《综类》基本相同，但增加了每条卜辞的释文，以及拼音检索等项目。在材料的丰富程度上，在字形的归属上，在辞条的划分上，在文字的隶释上，都进行了很大的改进和提高，是一部极为有用的工具书。对于《类纂》裘锡圭有专文评价，《类纂》确实存在一些错误，但主要是由于它的姊妹编《殷墟甲骨刻辞摹释总集》摹录的甲骨刻辞及释文的错误造成的。近年有学者对《摹释总集》进行校订，如白于蓝著《殷墟甲骨刻辞摹释总集校订》（福建人民出版社，2004），共写出校记2798条，校订《摹释总集》多方面的失误，可以参看。

(3) 甲骨文字典及辞典类工具书的编纂。

这类工具书以甲骨文的字、词用法或语义为编纂内容。字典类工具书可以徐中舒主编的《甲骨文字典》为代表性著作，是书专以甲骨文的字形及字义为检索内容的工具书，编纂体例上介于字汇和集释工具书之间。是书收录的字形只是具有典型性的字形，并非收录全部甲骨文字汇之作，且以分析字形、考察字义为主。全书所收每一字下，大都分为三项，一是字例字形，二是“解字”，三是“释义”。解字重在分析字形，“释义”重在阐明字义和具体用法，兼举若干甲骨卜辞例，实用性很强。该书试图在文字考释方面博采众长，但实际上吸收较为有限，关于文字考释成果的学术信息量不多，字形摹写有些失真。

词典类工具书，孟世凯所编《甲骨学小辞典》，主要以殷墟出土甲骨、甲骨文和有关著述为主要内容，采众家之说，合各家所长，兼述己见，简述甲骨文发现以来前80年甲骨学中所见之部分词汇、术语。书后还附有世系表、卜辞中父母兄子称谓表、贞人表、先妣表、诸子表、诸妇表、干支表、甲骨学大事年表、甲骨文著录书简表等9个附录。是书对于初学甲骨的人非常有用，对甲骨学的专门研究者，也是重要的工具书。2009年孟世凯所著《甲骨学词典》由上海人民出版社出版。是书所收词目以殷墟甲骨文及其相关内容为主，兼收周原甲骨文，共收3182条辞条。较之《甲骨学小辞典》辞条增加了，增加了关于甲骨文的内容，还有一些辞世的重要甲骨学专家。

在辞典类方面，张玉金的《甲骨文虚词词典》，堪称是第一部甲骨卜辞语法领域中专述虚词系统的工具书，揭示商代语言里单音节虚词达60多个，分属于代词、副词、介词、连词、语气词、助词、感叹词等，还包括复合虚词和固定格式，在阐述其意义的同时也揭示了其用法，是一部水平较高的学术专著。

（4）甲骨文字集释工具书的编纂。

“集释”就是博采众家释读之说集录于一编中。甲骨文字集释工具书的编纂最著名的有李孝定编《甲骨文字集释》、松丸道雄与高岛谦一合编的《甲骨文字字释综览》以及于省吾主编《甲骨文字诂林》三书。《甲骨文字集释》全八册（台北中研院历史语言研究所1970年出版）。正编14卷，补遗1卷，存疑1卷，待考1卷。是书按照《说文》分部别居，博采甲骨文发现以来前60年中诸家近300种甲骨文著述而集录其说。其编纂体例为每个甲骨文字下，于书眉首列小篆文，次举甲骨文之不同书体，同形屡见者不尽录。次列诸家考释，并尽可能注明出处书名、卷数、页码，后加按语，下以己意。该书工程浩大，基本上汇集了甲骨文发现后60年内甲骨文字考释成果，在编纂设计上具有开创之功。

《甲骨文字字释综览》（东京大学东洋文化研究所1993年出版）收甲骨文字3395个，简明扼要地集录1989年以前中日诸国学者发表的甲骨文字释读成果，是书按照《说文》分部安排甲骨文字，正文十四篇，合文一篇，未识字二篇，《甲骨文编》、《殷墟卜辞综类》所无字二篇；书后附文献目录，字释索引和检索表。正文先录《甲骨文编》和《殷墟卜辞综类》字号，然后举甲骨字形，次举诸家字释意见，次举诸家字义简说，末栏著录诸家观点的出处。是书一改《集释》集录诸家著述力求详尽，以致移录全文的烦琐，而是仅录诸家字释结论，间记诸家关于该字的词义用法作为参考，特别之处是提供了不少海外甲骨学者的字释见解，有助于推动甲骨学的发展和国际间的学术交流。

《甲骨文字诂林》（中华书局，1996），是书基本上遵从《甲骨文字集释》编纂体例，先举今字或甲骨文字体，次辑录诸家考释，并注明出处，后加按语。该书大致辑录了1989年以前90来年甲骨文字考释的主要成果，试图对各种说法做系统的是非评论。《甲骨文字诂林》失录者较多，陈伟武《甲骨文字诂林补遗》（刊于《甲骨文发现一百周年学术研讨会论文集》，台湾师范大学国文学系、中研院历史语言研究所，1998年）一文，补充了一些该书疏漏失收的诸家考释，指出其中可分为三种情况：一是未录先有之说；二是未录较重要的说法；三是未录编者自家之说。此外《甲骨文字诂林》引用各家之说时，存在断引和标注出处不准确的地方。有些按语写得过于简略。不过目前来看，是书对于学者研究仍然发挥重要作用。《甲骨文字诂林》宜与《殷墟甲骨刻辞类纂》配合使用，以诸家说解甲骨文字的意见放到甲骨辞例中去检验。近闻吉林大学古籍研究所的何景成正进行《甲骨文字诂林》补编的工作。

（5）甲骨文通检索引工具书。

这类工具书是指与甲骨学、商代史专门内容有关的检索书。这类工具书的编纂，较早的是曾毅公所编《甲骨地名通检》，这是第一部关于甲骨文中地名的通检索引书。高岛谦一《殷虚文字丙编通检》（《中研院历史语言研究所专刊》之八十五，1985 年出版）是一部为《殷虚文字丙编》专设的完备引得，此书可以按照字、词检索。由于在每一甲骨文字条目下胪列出所有此字的卜辞例，包括对贞卜辞与占辞等，以及相关的兆序记数字、兆辞，又标明此条卜辞在龟版上的位置，故极利于分析这些字词的作用和甲骨文句法、语法现象，其编纂方法已经远远超过此前同类工具书。书后附有部首索引、难字索引、类别索引、拼音索引、各龟版及刻辞分布页数，更加提高了是书的使用价值。

香港中文大学与中国社会科学院协商确定，以中国社会科学院历史研究所先秦史研究室《甲骨文合集》编辑组所撰《甲骨文合集释文》为底本，由饶宗颐和沈建华主持，利用电脑编纂《甲骨文通检》，包括先公先王先妣贞人；地名；天文气象；职官人物；田猎；祭祀等六个分册的甲骨文通检索引工具书，香港中文大学出版社陆续出版了五册。这套书字体摹写细致，甲骨词汇详备，考订精良，检索方便，在体例方面不仅分类辑集了《甲骨文合集》的全部材料，而且还汇入《小屯南地甲骨》、《英国所藏甲骨集》、《怀特氏等收藏甲骨文集》等几种《甲骨文合集》未收甲骨著录书的材料，成为后出的一部重要的专门性质的甲骨文检索工具书。饶宗颐在每一分册卷首都撰有长篇序言，对每册涉及内容的甲骨学研究现状、存在的问题和未来的展望，做了实事求是的评论，提出了不少新思路新见解。

（6）甲骨学论著目录的编纂。

为了展示甲骨文研究所取得的成果，为学界及时传递信息，掌握学科发展动向，弘扬学术，为研究者提供方便，甲骨学论著目工具书的编纂，代有其人。比较有系统性和代表性的有1930年代董作宾、胡厚宣合著《甲骨年表》；1950年代初胡厚宣《五十年甲骨学论著目》；日本水泽利忠编的《契学综览》（资料篇·契文学篇·殷商学篇）；1960年代有董作宾、黄然伟合编《续甲骨年表》（台北，中研院历史语言研究所，1967年）；1970年代中期有法国戴迪尔（M. Christian Degdier）编《甲骨学论著目录概要》；1990年代初濮茅左编《甲骨学与商史论著目录》（上海古籍出版社，1991）。1990年代末由宋镇豪主编，宋镇豪、常耀华编纂的《百年甲骨学论著目》（语文出版社，1999）列为“甲骨学一百年”成果之三。是书《凡例》称“本书目搜汇了自1899年殷墟甲骨文发现至1999年6月一百年间正式发表的关于甲骨学与商代史的论文专书计10946种，收录时不加检选”。《凡例》称编纂时将论著目按照内容分为十大类：甲骨发现；甲骨综论；甲骨著录；甲骨研究；专题分论；甲骨类编；书刊评介；其他杂著；学人传记；附录。每类之下，按内容的不同再分小类。书后附有编年、作者、篇名三个索引，便于读者查阅。由于资料太多、编纂时间短等原因，是书也有一些重出、漏收小失误，但不影响《百年甲骨学论著目》是一部很有用的工具书。2007年12月26日中国社会科学院历史研究所先秦史研究室网站上传了宋镇豪主编的《百年甲骨学论著目》的订补版word文档，上传文档时有一《说明》：“为了让学者、青年学生更方便、更高效地使用《百年甲骨学论著目》这本工具书，宋镇豪先生决定将本文档上传到本室网站，供大家免费下载。本文档以北京，语文出版社，1999年出版的纸制书为本，并做了大量的增补工作：一是增添了一些论著的再版信息；二是增补1999年6月前漏收论著，这部分内容详见各类后的‘补遗’部分（注：原书所收论著截至1999年6月）。三是增补1999年6月后至1999年底发表的论著，这样本文档基本收录了2000年前发表的甲骨学论著目录，成为名副其实的百年论著目。”

（7）甲骨文研究成果汇编——《甲骨文献集成》。

宋镇豪、段志洪主编的《甲骨文献集成》作为

《中国古文字大系》的第一种，2001年4月由四川大学出版社印行。甲骨文发现110年来，研究成果非常丰富，现在尤为增多，即使是资深专家也难以遍览。许多专著早已经成为绝版珍籍，难于寻觅，研究论文更是散见于无数报刊，非任何藏家所能俱备。利用现代出版条件及手段，将长期积累的大量材料集中起来，使过去一般人无法接触的一些文献，让更多的学人看到，功德无量。《甲骨文献集成》无疑是甲骨学专业性类书，据是书凡例称，凡是以甲骨学为研究对象或报道评述对象，或主要利用甲骨文对殷商史及有关社会科学、自然科学等各方面进行专题研究，具有较高学术价值，或在甲骨学发展史上具有重要影响的中文或外文专著、论文及报道资料等，均在收辑之列，亦收入部分有代表性的与甲骨文密切相关的古文字学研究资料。专门的甲骨片著录书及字汇、字典和集释类工具书一般不收，对甲骨学一般介绍和普及读物不收。所收资料年代范围从1899年殷墟甲骨文发现起至1999年。是书所收甲骨学论著皆按照原版复制，按统一格式编排影印，保留原版页码，标明版本出处和出版发表年代，便于学者参考引用。这套丛书汇集了殷墟甲骨文发现以来百余年的研究成果，全书共40册，分为五个大类：一类是甲骨文考释，第一至六册是著录片考释；第七至十四册是文字考释。二类是甲骨研究，第十五至十六册是分期断代研究，第十六至十七册是卜法；第十七至十八册是文例文法；第十九册是校订缀合。三类是专题分论，第二十至二十一册是世系礼制；第二十一至二十五册是国家与社会；第二十五至二十六册是经济与科技；第二十七册是军事征伐；第二十七至二十八册是方国地理；第二十八至二十九册是文化生活；第二十九至三十册是宗教与风俗；第三十一至三十二册是天文历法。四类是西周甲骨与其他，主要在第三十三册中。五类是综合类，第三十四册甲骨文的发现与流传；第三十四至三十八册甲骨学通论方面的成果；第三十八至三十九册是古文字研究；第三十九至四十册是序跋与述评。是书为学界保存一份相对完整的甲骨学研究著述遗产，同时也必将推动甲骨学、殷商史，以及古文字等相关学科的发展，“功德无量”实不为过。

六　甲骨学史的总结

 甲骨学的概念

最先提出“甲骨学”之名的是周予同先生，后来成为学界习用术语。关于甲骨学的概念前人已经有较好的概括，宋镇豪、刘源著《甲骨学殷商史研究》总结前人提法，认为“甲骨学就是以甲骨文和它的载体卜甲、卜骨及相关考古学现象为研究对象，整合古文字学、历史学、考古学、历史文献学、文化人类学等多个学科的理论、方法和材料，探析甲骨文和甲骨自身规律及商周历史文化的专门性学科”。甲骨学是对甲骨文的内容及其材料内涵的研究，是一门新兴史料的专门性学科。

 甲骨学史的总结性著作介绍

在甲骨文发现以来的110年中，学者不断总结甲骨学建立发展的情况，时有总结性著作出现。甲骨学发展前期的总结性著作有胡厚宣《五十年甲骨文发

现的总结》（商务印书馆，1951），全书分为八章：一、引言；二、甲骨文的命名；三、甲骨文的认识；四、甲骨文出土的地方；五、甲骨文的收购和流传；六、科学发掘的甲骨文字；七、战后甲骨文的出土和采访；八、50年甲骨文出土的总计等。是书将1899年甲骨文出土以前的历史，甲骨文发现以后的非科学发掘时期及1928年以后科学发掘时期出土的甲骨文及流传情况，作了很详细的介绍。是书与胡厚宣1984年发表在《史学月刊》第5期上的《八十五年来甲骨文材料之再统计》一文，是研究甲骨源流及甲骨学史的重要参考文献。甲骨学发展早期具有代表性的甲骨学著作当属董作宾《甲骨学五十年》和《甲骨学六十年》。

董作宾著《甲骨学六十年》（台北艺文印书馆，1965），是在1955年出版的《甲骨学五十年》基础上增订出版的。正文分为六部分：一、解题和概说；二、殷代文化宝库的开发；三、前期研究的经过；四、后期研究的进程；五、甲骨文材料的总估计；六、最近10年的甲骨学。书后附录包括董作宾遗照、传略及殷墟发掘工作存真图片45幅。并将董作宾、胡厚宣编《甲骨年表》和董作宾、黄然伟编《续甲骨年表》附于书后。《甲骨学六十年》一书详细叙述了甲骨文发现和发掘的历史，并对出土甲骨材料进行了总估计。重要的是该书对甲骨文发现以来至1955年这一段时间的研究进行了总结。以1928年殷墟的科学发掘为界，将甲骨学的发展分为前后两个时期，认为前期研究的主要成就在于卜辞字句的考释和篇章的通读；后期的研究成就是分期的整理和分派的研究。并为后来甲骨学研究指明了方向：结集资料；缀合复原；索引工具书之编纂，研究方法的改进。

严一萍著《甲骨学》（台北艺文印书馆，1978），精装两册，全书分为九章。据他自序称著此书的目的是告诉读者，甲骨是怎样研究的。第一章，阐释要研究甲骨，首先要知道甲骨的构造；其次要了解甲骨出土区域之广，由甲骨出土区域之广，推想商代疆域的广大。第二章，主要讲小屯出土甲骨，甲骨的传拓、甲骨的著录，认清每一本著录甲骨书的内容。第三章，要有辨伪的能力，缀合的功夫，才能初步进入甲骨之门。第四章，主要讲了钻凿和占卜，钻凿和占卜是甲骨的基础，由钻凿而产生占卜，由占卜然后产生卜辞，因此钻凿和占卜是甲骨研究者不可忽略的问题。第五章，主要讲释字与识字，研究甲骨文最重要的方法是识字。先从前人研究所得已经认识的字入手，然后自己去考释文字。对于释字提出了许多方法，可以引导读者自己去尝试考释文字。第六章，主要谈通句读与认识甲骨文例，甲骨文的句读最难，不注意就会出错，断片残辞千万不能牵凑乱读，发出新奇之论。因此对甲骨文例，必须进一步地了解，才不致曲解卜辞。第七章，讲甲骨文的断代，断代是甲骨研究者必须具备的基础知识。关于断代的原则是书遵循的是董作宾《甲骨文断代研究例》的观点，对于“文武丁卜辞”时代的判定强调证据的重要性，不做空虚的推论。第八章，主要谈甲骨文字的艺术。自甲骨文发现以来，以甲骨文作为艺术表现的，罗振玉、董作宾写的甲骨字不少，介绍了吕佛庭的文字画，也是甲骨艺术的另一表现形式。以甲骨文字表现艺术，需要坚实的小学基础，否则只是匠人涂鸦，而谈不上艺术。最后一章，谈了甲骨学今后研究的展望。

王宇信著《建国以来甲骨文研究》（中国社会科学出版社，1981），书前有胡厚宣序、李学勤序。全书分为八章："第一章，建国前五十年甲骨文发现和研究的回顾；第二章，建国以来的甲骨文发现和著录；第三章，建国以来的甲骨文研究；第四章，建国以来的甲骨文研究和考古学；第五章，建国以来的甲骨文研究和历史学；第六章，建国以来的甲骨文研究和古代科学技术；第七章，郭沫若对甲骨文研究的卓越贡献；第八章，三十年来甲骨学的进展与我国甲骨文研究的展望。书后有三个附录：甲骨文主要著录及其通用的简称；建国以来甲骨文编年论著简目；建国以来甲骨文作者论著简目。"是书主要对 1949 年以后 30 年甲骨学研究的成果进行概括，提出了甲骨学研究未来的方向，对研究甲骨学、古代史、考古学和科技史的学者有一定的参考价值和启发作用，对有志于涉猎甲骨学的人，此书也是一个很好的"导游图"。

吴浩坤、潘悠合著《中国甲骨学史》（上海人民出版社，1985），全书十一章。第一章，甲骨文的发现、搜集与流传，主要介绍 1928 年以前甲骨文的情况。所述与以前各家所讲大体相若。值得注意的是，是书认为王襄所说甲骨文初发现于1898年冬末，1899年秋始为世人所知的观点可信。第二章，殷墟发掘和其他地区的考古发现，主要介绍：1928～1937年前中央研究院组织的“十五次殷墟发掘”；新中国成立后，1950年春至1977年共12次考古发现；殷墟以外出土的殷商甲骨；周原甲骨的重要发现。第三章，卜甲与卜骨，所论大多已成共识，只有少数为现在学者不能接受。第四章，卜法与文例，比较简要，但吸收了一些当时新的研究成果。第五章，文字，内容比较多，有汉字的起源；商周的甲骨金文及其他文字；秦汉时代小篆和隶书的推行；甲骨文常用字举例，包括合文在内，共520个；甲骨文与“六书”；甲骨文的字体变化；考释甲骨文字的方法；所论为当时学术界的一般看法，比较平实。但仔细考虑，既然是讲甲骨文字、甲骨学史，“秦汉时代小篆和隶书的推行”似可不论。讲甲骨文论及“六书”，而不谈唐兰和陈梦家的“三书”说，也是不足之处。第六章，文法，讲到了胡小石的《甲骨文例》，管燮初《殷虚甲骨刻辞的语法研究》，陈梦家《殷虚卜辞综述》，并对所论句型与词类分别择要简介，主张“完全从卜辞中综合和归纳出当时的语法结构”，吸收了当时的最新成果，使得本章内容充实。第七章，断代，对1980年代以前的重要论述，如董作宾发现贞人，提出五期分法以及十项断代标准，郭沫若的补充，董作宾的新旧两派说，各家对董作宾断代学说的意见，贝塚茂树最早从卜辞中区别出“子卜贞”卜辞，陈梦家的断代研究，董作宾所谓的“文武丁卜辞”以及诸家意见，对历组卜辞的讨论，均作了实事求是的介绍。第八章，辨伪与缀合，主要情况均已经介绍，较为客观。第九章，甲骨文与诸学科的关系（上）、第十章，甲骨文与诸学科的关系（下），主要介绍了甲骨文与古文献考证、甲骨文与商史研究、甲骨文与古文字学、甲骨文与考古学的关系，内容都相当重要。第十一章，甲骨文研究的回顾，主要讲了孙诒让的“筚路蓝缕”之功，罗振玉、王国维对甲骨学的贡献，郭沫若对甲骨学的研究和贡献；罗振玉、王国维弟子及唐兰、于省吾等在文字考析方面的收获，胡厚宣等在殷商历史研究上的成就，甲骨学研究的新阶段。此书在当时的内地，的确是一部有相当参考价值的甲骨学专著，当然也存在一些不足，多为时代等客观因素所致。

张秉权《甲骨文与甲骨学》（台北“国立”编译馆，1988），全书共二十章。第一章，绪论，分为五节，主要讲述了如下几点：①认为甲骨文“既属于上古史又属于近代史”。其意在于甲骨文的内容反映了殷商时期的现实，当属于上古史；而对于甲骨文的研究，则属于近代史。②肯定“甲骨学所研究的是甲骨文，但不限于甲骨文字，凡是和卜用甲骨以及卜辞所涉及的一些有关事项，都在研究的范围之列”。③认为甲骨文的字数计算，没有一个统一的标准，故各家统计出来的数据有别。④认为有字甲骨的片数也难以确定，认为已经出土的甲骨在 10 万片左右比较可信。第二章，甲骨文的发现与发掘，分为四节，此章特别指出私人挖掘甲骨是“为古董商人的搜购而挖掘”；公家发掘是“为找寻科学研究的资料而发掘”。第三章，骨卜习惯的原始与分布，分三节，主要讲骨卜比龟卜更早一些，但不能早到仰韶文化时期，也不会晚于龙山文化时期；骨卜习俗所用的骨多为牛骨、羊骨、鹿骨、猪骨。第四章，骨卜习惯的考证，重点讲了①殷墟所出占卜材料中的龟甲，多为中国东部或东南沿海一带，在殷墟有鲸鱼骨骼的发现，也有象牙和象骨的遗存。②卜辞事类有：祭祀、征伐、田游、往来行止、卜旬、卜夕和日、天象、年岁、疾病、生死、生育、梦、营建、其他。③认为贞人只是代替王发言的人，实际上就是当时一些足以左右王政的一些贵族，他们只是代替时王提出问题。④推测“辨别卜兆及其断定吉凶的因素”，主要是看兆象形成的角度，70～100 度吉兆的可能性大。⑤总结卜兆有五种形式：自上而下；自内而外，自上而下；自外而内，自上而下；自下而上。错综复杂，没有一定的排列规则。第五章，甲骨学的建立与发展，张秉权分为五期：1899～1909 年为萌芽期，主要代表人物是刘鹗、孙诒让。1910～1927 年为初期，代表人物是罗振玉、王国维。1928～1948 年为全盛期，参与的学者有郭沫若、董作宾、唐兰、吴其昌、于省吾、杨树达、丁山、胡小石、商承祚等等。1949～1972 年为平淡期，参与的学者有陈梦家、董作宾、胡厚宣、曾毅公、金祥恒、张政烺、张秉权、饶宗颐等。1973 年以后是复兴期，其标志是小屯南地甲骨的出土。至于 1980 年以后甲骨学的兴旺发展，是张秉权此书出版以后的事情。第六章，甲骨文材料的整理复原与流传，着重讲述了缀合复原甲骨：举到了王国维缀合一版证明殷王世系，董作宾在王国维缀合基础上又加缀一片，使之成为更完整的一版。举到了张秉权自己缀合《乙编》六块残甲成一版，即《丙编》上（一）图版五九（《合集》11483），缀合后增加了一条关于月食的记录。张秉权根据他缀合的经验，提出了缀合方法的问题，指出王国维、董作宾、郭沫若以及后来的学者多据拓本拼兑，有很多是成功的，但也有拼错的。据实物拼兑成功率要高，不易产生错误。第七章，文字文例与文法。关于文字，张秉权主要讲了两点：①常用的甲骨文字“已经公认”的有“三百字”，可分为九类：数目字20、干支字22、取象于人或人体的52字、取象于草木鱼虫鸟兽的42字、取象于自然现象的12字、取象于人造物类的文字29字、人或人体与物体形象组合的文字47字、物与物互相组合的字25字，其他的形象，包括抽象的或具体的51字。②认识文字的方法，举出六种：直接指认法，举刘铁云所认干支字和数目字；偏旁分析法，孙诒让是第一人；比较对照法；寻绎推勘法；历史考证法；类比研究法。关于文例，张秉权举了胡小石《甲骨文例》、董作宾《骨文例》、胡厚宣《卜辞同文例》、周鸿翔《对贞卜辞述例》等论著的要点。关于文法，张秉权简介了管燮初、陈梦家等人的研究。第八章，卜辞与记事刻辞。分为两节，第一节介绍了什么是卜辞，简介了“记兆序数”、“记兆术语”和卜辞本身（序辞、命辞、占辞、验辞等）。

第二节介绍了什么是记事刻辞，张秉权认为记事刻辞有八种：甲桥刻辞、尾甲刻辞、背甲刻辞、骨臼刻辞、骨面刻辞（包括干支表、祀谱、家谱刻辞以及与骨臼刻辞类似的骨面刻辞）、牛距骨刻辞（《乙编》8688 即《合集》35501）、兽头骨刻辞（包括牛头、鹿头、马头）、人头骨刻辞（《甲编》3739）。第九章，介绍成套卜辞与成套卜骨。张秉权指出成套卜辞未必都属同文卜辞，而同文卜辞未必完全都是成套的。第十章，断代与分期，观点与董作宾相近似。第十一章，天文气象与历法，观点与董作宾近似。第十二章，人名地名与方国，分五节。甲骨文中的人地同名现象；单纯的人地同名例；复杂的人地同名例；人地同名的成因；地名与方国。第十三章，先公先王与世系，与各家所说大体相近，特别值得注意的是，他指出上甲以前的先公八世，夒与王亥争论较少，其余均有歧说；“仲任、沃丁、廪辛、帝辛尚未见于卜辞”；认为《库方》1506 所谓“家谱刻辞”为真，并且以“一支贵族的世系——兒氏家族”为标题单列一节加以论述。第十四章，祭祀巫术与宗教信仰，主要介绍了殷商祭祀的对象、种类、礼制的新旧两派、牺牲、场所。同时，论述从祭祀用牲看殷人日常生活及其巫术与宗教信仰。第十五章，政治与官制，分为四节。第一节政治权力的来源：神力与武力。第二节政权的转移与运作，重点介绍王位的继承。第三节外服与诸侯。第四节内服百官，似从周代看殷商的情况。第十六章，农业与社会，分为六节，殷代的农业与社会鸟瞰；农业区域；

农业技术；农业产品；农业管理；农业礼俗，基本上参考各家的研究，加以分类简述。第十七章，田游与征伐，主要讲田猎与战争，牵涉到地理、方国。第十八章，人口疆域与文化的接触面，张秉权认为殷商政治力量达到的范围，东土为“山东全境”；南土至“湖北湖南之荆楚与江西赣江流域”；西土为“甘肃、河套”；北土至“河北长城以北之热河区域”。人口的估计，张秉权认为当时可能有750万左右。第十九章，技术与工业，甲骨文中的资料；田野考古的发现。第二十章，甲骨上黏附的棉布，1975年张秉权发现甲骨上黏附的棉布，计有65片。他指出殷商时代的棉布“除小屯殷墟外，还有武夷山白岩崖洞船棺葬中的遗物。这个说法把我国棉布生产提前到了商代，值得注意。是书的第九章、第二十章为此前的甲骨学著作所未见，关于甲骨文字本身的论述，仍然很不充分。在正文中，张秉权特别强调了“卜辞并没有把当时所问的话全部记载下来，它只是极其简略的记录”。

王宇信《甲骨学通论》（中国社会科学出版社，1989）全书分为上、下编共16章。上编，第一章，绪论部分继严一萍、张秉权之后，又对“甲骨学”作出界定。第二章，甲骨文的发现年代和发现者，比较详细的论证了甲骨文发现于1899年，发现者是王懿荣的观点。第三章，甲骨文出土地与时代的确定及甲骨文的命名，经过考察，肯定罗振玉于1908年确知甲骨文出土于河南安阳小屯；罗振玉又于1910年断定甲骨刻辞“实为殷室王朝之遗物”；而称之为甲骨文则始于

1921年的陆懋德。第四章，甲骨文发现和甲骨学研究的几个阶段，指出："甲骨学的发展是与甲骨文出土的不同阶段同步前进的。"第五章，甲骨的整治与占卜，认为"商代占卜用龟主要来自南方和西方"，"占卜用的牛胛骨当为本地所产"。所用胛骨要经过"取材"、"削锯和刮磨"、"凿钻"，然后再"施灼"、"契刻（或书写）"。有的还要涂墨、涂朱。第六章，甲骨学专业用语及甲骨文例，主要介绍了甲骨的左右、正反、内外、上下、兆序、兆记、守兆、犯兆、卜辞、相间刻辞、记事刻辞等专业术语。这些专业术语也可参考孟世凯《甲骨学词典》（上海人民出版社，2009，这是在其著《甲骨学小词典》基础上增订而成的）。第七章，甲骨文的分期断代（上）主要介绍了王国维至董作宾尤其是董作宾的分期断代研究。并略述陈梦家的"三个标准"和"九期"说法。其中也谈到胡厚宣的"四期"分法。作者认为胡、陈二人之说都是以董作宾说为依据，"并没有什么实质上的不同"。第八章，甲骨文的分期断代（下），主要介绍了关于揭穿文武丁卜辞之谜；所谓"历组"卜辞的争论和武乙文丁卜辞的细致区分；所谓"新派"与"旧派"；贞人分组与甲骨文断代两系说。第九章，使用甲骨文材料应注意的几个问题，主要介绍了甲骨文的校重、辨伪、缀合、残辞互足等四个方面。第十章，重要甲骨的著录及现藏，指出以拓本、照片、摹本等形式著录的甲骨有15万片，与董作宾、陈梦家的统计不合，与胡厚宣的说法接近。第十一章，甲骨学与殷商史研究要籍，简述了

40种论著，有助于读者了解各书内容概要。第十二章，甲骨学史上有贡献的学者及其研究特点，较为简略地介绍了王懿荣、王襄、刘鹗、罗振玉、王国维、董作宾、郭沫若、胡厚宣、陈梦家、唐兰、于省吾、李学勤、裘锡圭等数位学者，便于读者了解甲骨学发展的概况。下编，第十三章，甲骨学研究的一门新分支学科——西周甲骨学的形成，“西周甲骨学的形成”在当时是一个崭新的观点。在这一章中，主要叙述了西周甲骨的发现、西周甲骨研究的几个阶段，西周甲骨的特征与殷卜辞的关系，西周甲骨的分期。第十四章，周原出土的商人庙祭甲骨，经过论证，肯定周原出土庙祭甲骨所祭的殷先王主要是唐、大甲和文丁，庙祭甲骨是商王朝帝乙帝辛时物，而不是周文王居殷时所卜。第十五章，今后的西周甲骨学研究，指出了几点：科学地著录西周甲骨，将放大比例一致的摹本和照片编为一书；文字的考释需要进一步的深入；对西周甲骨的认识还需要进一步深化；结合铜器铭文、考古材料、《尚书》以及其他古文献材料研究西周甲骨文，研究周初历史。西周甲骨的分期及族属的研究还需要深入探索；西周甲骨文字契刻或清秀圆润或刚劲有力，是我国微雕艺术之祖。对契刻方法的研究有待深入探索。第十六章，甲骨文与甲骨书法，所讲甲骨文是指殷墟甲骨文，而非西周甲骨文。书后有四个附录：甲骨学大事记（1899～1986年）；甲骨文论著目及简称；新中国甲骨学论著目（1949～1986年）；西周甲骨论著目（1951～1986年）及例图一百多幅，便于读者参考。王宇信《甲骨学通论》所用材料至1986年，此后出现的论著未能言及，1999年《甲骨学通论》又出增订本，内容有所增加，个别观点也发生了改变。

王宇信、孟世凯、宋镇豪、杨升南、常玉芝合著《甲骨学一百年》（社会科学文献出版社，1999）。该书共分十五章，第一章，绪论，论述了中国的旧学自甲骨文的发现而另辟一新纪元；甲骨学的形成与发展；甲骨学的科学界定等问题。最后指出该书宗旨："力图通过对有关问题的研究和阐述，从资料上、观点上能有新的前进。"第二章，百年出土甲骨文述要，主要阐述以下几点：1899年以前甲骨文的沧桑；1899年殷墟甲骨文的发现和甲骨文的私人挖掘；殷墟考古发掘出土的甲骨文，但没有说具体的总片数。第三章，甲骨学研究基础工作的不断加强，介绍了甲骨文的辨伪、校重、缀合、著录、整理，讲到《甲骨文合集》和《甲骨文合集补编》的编辑出版。第四章，甲骨文的考释及其理论化，肯定了孙诒让的《契文举例》正确释出了一些字，有开山之功。称赞罗振玉的《殷虚书契考释》"凿破鸿蒙，钩沉索颐"，"具有承上启下的划时代意义"；认为"叶玉森是最早开始对甲骨文进行综合研究的少数几位学者之一"。重点介绍了王国维、郭沫若、唐兰、于省吾等人的研究，肯定考释甲骨文字的理论化，到唐兰、于省吾始有了比较系统的建树，在方法论上也日趋成熟。从唐兰、陈梦家、裘锡圭的"三书"说，论及以甲骨文为主的古文字的构造原理及其方法理论的探讨。由郭沫若、裘锡圭、陈梦家、高明、林沄、陈炜湛、杨树达、李学勤、张秉权所论甲骨文字构形和考释，谈到“甲骨文字形体结构特点的分析和古文字形体学的建立”。但未对古文字形体学加以界定。第五章，甲骨文的分期断代，主要论述了：①刘鹗 1903 年认为甲骨文是“殷人刀笔文字”，孙诒让 1904 年指出“刘君所定不诬”。②罗振玉于 1908 年访知“贞卜文字出土之地为洹滨之小屯”，1910 年“悟此卜辞者，实为殷室王朝之遗物”。③“王国维首先用卜辞中的称谓定甲骨的年代，肯定明义士应是据称谓判断甲骨时代，并运用到分期整理工作中的第一人。”④董作宾第一个提出了“贞人”说，发表了《甲骨文断代研究例》，完善了“分期研究法”，提出了甲骨文断代的十项标准和五期分法。⑤“文武丁时代卜辞之谜”的提出和破解以及陈梦家的断代研究。⑥历组卜辞时代的讨论。⑦分派整理法的提出和甲骨文字演进的“两系说”。⑧断代研究的新途径：“坑位”证据、钻凿形态考察、碳 14 质谱加速仪测算、现代天文学计算手段等等。第六章，甲骨占卜和卜辞文例文法（上），第七章，甲骨占卜和卜辞文例文法（下），此两章主要以占卜文例为重。介绍了①商代甲骨占卜程式的探索。②殷商王朝的占卜制度，正反对贞、同事异问、一事多卜、习卜之制、三卜制、卜筮并用。③古代甲骨占卜的源流。④殷墟卜用甲骨的来源和整治。⑤把殷墟甲骨文分为五类：卜辞、与占卜有关的记事刻辞、与占卜无关的记事刻辞、表谱刻辞、习刻。⑥甲骨文的书刻。⑦卜辞文例的定位研究。⑧同文卜辞与成套卜辞。而于甲骨文语法研究的情况介绍稍略。第八章，甲骨学研究的新发展——西周甲骨分支学科的形成，此章所论与王宇信《甲骨学通论》第十三、十四、十五章所论大体相近，补充了大量新材料，内容更加丰富了。第九章，前辈学者的成果和经验是可资借鉴的文化遗产，主要内容如下：指出 1899～1999 年主要的甲骨学者，重点介绍几位购藏甲骨和有贡献的学者，指出上述学者成功的共同之处是“深厚的国学基础”、“学贯中西”、“重视甲骨文资料的搜集整理和刊布工作”、“开拓进取，不断追求”。第十章，学科成果的不断认识和总结，指导和推动了研究的发展：①甲骨学论著目的编纂，从王国维的《殷墟甲骨文字及书目》（1925 年）一直介绍到《百年甲骨学论著目》（1999 年）。②甲骨刻辞的分类编辑，主要介绍了《殷墟卜辞综类》和《殷墟甲骨刻辞类纂》。③学科基本建设著作，重点分析了甲骨学的理论总结性著作。对于这些论著的介绍和品评，读者可以大体上了解甲骨学形成和发展的基本情况。第十一章，商代社会结构和国家职能研究，论述了商代王室贵族、殷正百辟与殷边侯甸、宗法制度与家族形态、商代社会中下层的被统治阶级、商代的刑罚与监狱、商代的军队与军制研究、商代的对外战争、商代的方域地理、贡纳制度。第十二章，商代社会经济研究，论述了商代农业、畜牧业经济、渔猎业与商代社会经济、商代手工业的全面发展、商品交换与交通。第十三章，商代宗教祭祀及其规律的认识，论述了商代宗教祭祀的研究、商代周祭制度及其规律的探索。第十四章，关于商代气象、历法与医学传统的发掘与研究，论述了甲骨文气象记录和商代气候的研究、甲骨文天象记录的研究与辨析、商代历法的研究与复原、商代的疾病与医学传统的发掘。第十五章，新世纪甲骨学研究的展望，首先引李学勤之说“甲骨学当前的课题还有许多”，“甲骨学的研究不是已经完成，而是刚刚开始”。“甲骨的奥蕴大部分还不曾抉发，用以研究古代历史文化也大有可为。以为甲骨研究得差不多了的固步自封的观点，是不可取的。”然后简述了甲骨新材料的继续发现、甲骨学研究的继续深入与开拓、甲骨学研究方法和研究手段的现代化、人才的培养是甲骨学研究长盛不衰的保障等有关内容，有一定的参考意义。全书之后附录两个：甲骨学大事记（1899～1999年）列出了100年间甲骨学方面的大事，对于了解甲骨学的发展有一定的作用。附录二甲骨文著录目及简称，相当完备，极便利读者。总的看来，《甲骨学一百年》材料丰富，甚便读者，但对于甲骨文字本身的研究情况论述得不够充分。

赵诚《二十世纪甲骨文研究述要》上下册，列入“二十世纪中国语言学丛书”中，由书海出版社2006年2月出版。全书分为上下编，上编十一章，下编七章，前言、后记。以20世纪为限，分为前后期，上编所述为甲骨文研究的前期的有关情况，作者限定在甲骨文发现至1970年代，认为这一时期是甲骨文研究的草创和奠基阶段。下编所述为甲骨文研究后期即20世纪最后30年，甲骨文研究进入发展时期，但仍是起步阶段。前言部分主要述及甲骨文的含义，甲骨文含义的变化，殷墟甲骨文，从包括殷墟、郑州及其他地方出土的商代甲骨文，再到广义的甲骨文，兼指商代和西周的甲骨文的变化。是书所说也主要是殷墟甲骨文，也兼及殷墟以外出土甲骨文的研究情况。介绍了殷墟的情况，殷墟一名的由来。交代是书论述的侧重点在于“述要”，择甲骨文发现以来至20世纪末百余年间的甲骨文研究论著中重要者而简述之，又侧重于甲骨文字兼及刻辞研究的简介，其他与甲骨文有关者则简而又简甚或略去。《二十世纪甲骨文研究述要》最大的特点就是以学术史、学术发展的角度评论各家研究的得失，不苛求于学者，站在学术发展的高度作出实事求是的评论。他所评述的一些甲骨学史著作可谓全面，我们在甲骨学史著作部分就不再赘述。上编第一章，甲骨文的发现，介绍关于甲骨文发现的三种说法：一是1899年清末国子监祭酒王懿荣鉴定龟版所刻为一种古老的文字；二是认为1898年由王襄和孟定生发现；三是认为甲骨文是1894年由画家胡石查所发现的。叙述了学界对这三说的态度，最后指出目前大多数学者倾向于1899年发现说。第二章，刘鹗和《铁云藏龟》，简述刘鹗搜集、墨拓、著录公布甲骨文的经过，肯定刘鹗是释读甲骨文字的第一人，《铁云藏龟》是著录殷墟甲骨文的第一部专书。刘鹗在自序中已经提到甲骨文单字，即他已经在释读甲骨文字，总结了刘鹗释读甲骨文字的经验和教训，对读者来说是有益的。第三章，主要介绍孙诒让及其甲骨文考释成就，肯定《契文举例》是世界上第一部考释殷墟甲骨文的专著，有开山之功。重点介绍了《契文举例》全书十章内容，对孙诒让考释甲骨文字的方法给予肯定，对他的一些错误也能给予公允的评价，有些是时代和学界对甲骨学知识的认识程度造成的，对于此类错误不宜苛求。介绍了孙诒让的另一文字学名著《名原》，介绍是书上下卷七章的内容中与甲骨文字考释有关者。用一节的笔墨论述学界对于孙诒让研究甲骨文字的评价的变化情况。学术界对孙诒让研究甲骨文字评价逐渐提高，说明孙诒让考释甲骨文字的影响正在逐渐扩大。第四章，主要论述罗振玉对甲骨文研究的贡献，①介绍罗振玉曾经协助刘鹗出版《铁云藏龟》，主要表现为积极怂恿、帮助墨拓编次，后又出版《铁云藏龟之余》和孙诒让的《契文举例》，都是为了学术，其精神是相当可贵的。②《殷商贞卜文字考》的内容介绍，重在分析罗振玉考释甲骨文字的方法、成就与不足。指出《殷商贞卜文字考》虽以文字考为名，但实际上包括商代历史、甲骨文考释、甲骨学研究等，可谓一部综合性论著，全书言简意赅，不足两万字。③论述罗振玉寻访、搜集、公布甲骨文资料，肯定罗振玉对于近代甲骨学的建立功勋卓著。④介绍《殷虚书契考释》及增订本，分别对两书内容进行述评。⑤用一节的笔墨分析后来学者唐兰、傅斯年、陈梦家对罗振玉研究甲骨文方法的评论。立足于学术发展的角度，分析各家评论的得失。第五章，介绍王国维的甲骨文研究成就，首先简要介绍了王国维的生平经历，分四节论述王国维的甲骨文研究，第一节王国维证实王亥，推断上甲。总结王国维对甲骨文字研究的贡献主要有二：一是通过甲骨文字考订商代历史，即以字证史。通过对商代世系的考察，极有助于甲骨刻辞的通读。二是考释某些甲骨文字，即通过形、音、义的综合考察认识一些甲骨文字。通过释读卜辞中的关键用字，极便于通读甲骨卜辞。第二节主要论述王国维提出的二重证据法，结合1920年代的学术动态，指出王国维二重证据法提出时的学术背景，针对疑古派、西化派的言论而发。其本意是用以考证、探索我国上古的历史。肯定王国维提出的二重证据法确是一种科学的求真的研究方法。第三节举例论述了王国维研究甲骨文的多种首创，第四节举例论述了王国维甲骨文字考释的方法。第六章，介绍郭沫若甲骨文研究成就，首先简介了郭沫若的经历与走上学术道路，郭沫若论著中与甲骨文关系密切的五种。之后分九节介绍郭沫若对甲骨学的贡献，如发现戋甲、沃甲、阳甲，总结先王相承系统及配偶，在王国维研究基础之上有了重要的发展，大大地往前跨进了一步，走上了更加科学的道路。通过研究甲骨文探讨商代的婚姻状况及社会性质。在《卜辞通纂》中发明了一种研究甲骨地理的新方法，即通过卜辞所记干支和地名相互联系的内在关系来探索、考察甲骨文所记地名之间的距离和方位关系，并且通过有关地名的相互联系，对照传世文献所记在同一区域内又同名或有音与形可以联系的地名加以考证，就可以由已经确知的某一地名之地望而推知相关地名的地望，从而系联出一个个卜辞地名相互联系的较大区域，由此可以窥见甲骨地名所覆盖的大致区域。郭沫若在王国维之后特别重视甲骨断片的缀合，他在编纂《卜辞通纂》时缀合了30多例，还发明了一种新的缀合方法，有学者称之为“遥缀”，根据字迹和内容看，一些不能直接缀合的碎片确实为一骨之折，把这些断片按照断裂之前在整骨上的位置放在一起，作为同版。发现残辞互足，殷商时期占卜有一事多卜、同一占卜的内容刻在几块甲骨上的现象，如果这几版各有残损，则可以将它们放在一起加以比较进行互补。这样很便于通读、研究卜辞。郭沫若特别举了两个例证论证，见于《殷契余论》，收入《郭沫若全集·考古编》一。郭沫若在编纂《卜辞通纂》时所发现的甲骨文“习一卜”、“习二卜”之语，并结合文献提出殷人卜用三骨之说，使学术界注意到了这一现象，从而引起深入研究，逐渐认识到商周卜法之异同以及可能的继承关系，对进一步研究殷商甲骨卜辞的内容起到了重要作用。赵诚认为郭沫若在甲骨文断代方面继承王国维以称谓断代，又有三项发明，即以字迹判明时代；据“卜人”断代；由文辞、事项判明时代。认为郭沫若在考释甲骨文字方面，释出一些关键之字，考释方法也别具一格，最突出的特点是由文义考释文字，重点举到了郭沫若释宾字之义，释出生字，考释“五十”合文等，对后来学者多有启发。最后赵诚充分肯定了郭沫若对于甲骨文研究所作出的贡献是巨大的，“是甲骨文研究发展过程中承上启下的主要代表人物。他的《卜辞通纂》、《殷契粹编》一直到现在都是初学者的必读书，研究者的必备书，可见其影响之深远”（《二十世纪甲骨文研究述要》，第223～224页）。第七章，介绍董作宾的甲骨学研究，首先简介董作宾的学术经历，然后分五节论述董作宾的甲骨文研究。董作宾参加了科学的甲骨文发掘工作，并公布新材料。发现了贞人，提出了划分甲骨文时代的十项标准。发现了周祭，启发后来学者的深入研究，研究的结果证明董作宾归纳出来的周祭确实是一大发明。董作宾对商代历法的研究以及编纂《殷历谱》，促进后来学者对商代历法的研究。第八章，介绍唐兰的甲骨文研究，首先简要介绍了唐兰的学术经历和主要的学术贡献。分四节具体论述唐兰的学术。第一节介绍唐兰提出的新的汉字构成论，唐兰在1935年出版的《古文字学导论》（北京大学石印本，后1981年齐鲁书社影印本）中，于批判传统的汉字构成理论“六书”说基础上，提出了新的文字构成论“三书”说，即分文字的构成为三类：象形文字、象意文字、形声文字。赵诚指出了唐兰“三书”说的三个方面的不足，也提到了陈梦家于1956年出版的《殷虚卜辞综述》中《甲骨文字和汉字的构造》一节对唐兰三书说的评述，进而提出了陈梦家自己的三书说，即认为“象形、假借和形声”是汉字构成的基本类型。此后关于汉字构成的基本类型及汉字的结构，一直都在进行更加深入的探讨。这完全始于唐兰对于传统六书说系统的批判及提出的新的文字构成理论。第二节论述唐兰总结考释古文字的方法，赵诚把唐兰为科学的文字学在研究、考释古文字方面所立的标准或原则归为三类：第一类是理论上或总体上的原则。第二类是考释古文字的具体方法，如认清字形、对照法或比较法、推勘法、偏旁分析法、历史考证法、字义的解释。对于唐兰总结的每一种考释古文字方法，赵诚书中都举了例证，并且总结了唐兰提到的注意事项。第三类是研究古文字的六条戒律。一戒硬充内行；二戒废弃根本，要注重基础知识；三戒任意猜测；四戒苟且浮躁；五戒偏守固执；六戒驳杂纠缠。赵诚基本肯定唐兰总结的考释古文字的方法，认为唐兰的看法需要修正或完善的地方是时代的局限造成的。唐兰“第一个系统全面地总结考释古文字的方法，影响了两三代学者，促使古文字研究向科学的道路上大大地迈进了一步，确是功勋卓绝”（《二十世纪甲骨文研究述要》，第 356 ~ 357 页）。第三节主要论述唐兰考释甲骨文字的成就，唐兰考释的甲骨文字，据陈梦家统计“约在 100 字左右”（《殷虚卜辞综述》，第 71 页），其中有不少新的发现，论证精确，但也存在一些失误。唐兰考释甲骨文可谓其总结的考释古文字方法的实践。赵诚举例总结唐兰考释甲骨文的三种情况：一是在指出并批评他人的谬误时提出自己的观点；二是正面公布自己的考释所得；三是以前的学者有不同的意见，唐兰予以仲裁，指出谁是谁非，并补充些例子，加以证实。赵诚还注意到唐兰提出的新的划分古文字类别方法对后来古文字研究的影响，古文字研究从开始到唐兰所处的时代，都是按照器物分类加以考释的，如甲骨文字研究、铜器文字研究、陶文研究、玺印文字研究、货币文字研究等。唐兰指出这种分类方法存在局限，提出应着眼于时代和地域的区别，把古文字分为四系：殷商系文字、两周系文字、六国系文字、秦系文字。赵诚站在学术发展的角度，肯定了唐兰分类的重要意义，这样的分类一直为学者们采用。最近 20 年，古文字分时代、分地域的研究日益被重视，专著专论常有问世，可以说是唐兰学说的发展。第四节介绍唐兰在研究古文字时提到的古音系问题，赵诚从唐兰所著《古文字学导论》、《殷虚文字记》、《天壤阁甲骨文存考释》等著作中，搜寻到唐兰关于上古文字与上古谐声、假借以及与拟定的古音系的关系的论述，总结唐兰相关论说，“考释古文字可以参考拟定的古音系，但不能为其规律所束缚，重要的是要尊重古文字的谐声和假借，但不能强行牵合”（《二十世纪甲骨文研究述要》，第 387 页）。第九章，论述陈梦家的甲骨文研究。首先简介了陈梦家的生平和学术成果，然后分五节具体论述陈梦家的甲骨学研究。第一节论述了陈梦家的甲骨文字考释和甲骨文字构造理论。赵诚观察到陈梦家所指出考释甲骨文字的目的是通读卜辞，为了了解文字反映的意识，对后来的甲骨文字乃至古文字学家产生了积极的影响。1960 年代以来，不少考释甲骨文字或其他古文字的文章，紧紧扣住通读卜辞或铭文、文辞，就是很好的证明。赵诚指出陈梦家强调的不要把古汉字、古汉语看成是浑然一体的同一个系统，其实是有断代上的差异的观点，基本为大多数学者所接受。赵诚肯定陈梦家所指出的，甲骨文字形体在向后代演化中，存在有些字失去了形体变化的中间环节，以至于很难考证出甲骨文的某字发展为后代的某字的现象。认为陈梦家的发现，提醒着学者在考释古文字时注意寻找古文字形体改易的关键环节。陈梦家还指出有些甲骨文字在长期的演化中，失去了声音变化的规律，因而无法或很难考证出甲骨文某字的音读是否与发展成后代的某字的音读相同，无法或很难寻找出两者之间的对应关系。赵诚充分肯定陈梦家所指出的问题，"用声音通假来牵联，是很要慎重的"。陈梦家指出甲骨文字的某些形体所表示的词的用义，在长期的演化中，某些字所表示的一些词失去了意义一再引申、转变的记录，因而无法或很难考证出某个甲骨文字所表示的词的意义，是否与发展成后代某字所表示的词的意义有某种联系，从而确认它们在用义上有引申关系；反过来又由这种引申关系进一步证明表示时代不同的两个词的两个字本是有着内在联系，以考定甲骨文某字即后代的某字。这就提醒学者，甲骨文某字和后代某字，即使构形相同，但如果在用义上毫无联系，也不得认为是同一个字。赵诚举了几个例证论述陈梦家之说确有卓识。赵诚肯定陈梦家从语言学角度对待甲骨文的字和商代汉语的词，并明确区别的做法是一大进步。赵诚对陈梦家提出的考释甲骨文字的一种方法、手段、一个过程，进行了概括总结，称之为“考释三部曲”。第一，用字形比较与偏旁分析法考释甲骨文字的同时，从语法、语意两个方面考察字所表示的词在句中的地位，以探索其词性和用义，初定其为名词、为动词、为形容词或为虚词，究竟表示哪一类意义，是人名、地名、物名、是某类事项之名，或是表示一种动作、一种性质。第二，从通读卜辞的过程中，细绎商代历史和语言的材料，肯定某些字用作某些词的适当与正确，发现某些字用作某些词的不适当与不正确。可以肯定的即作为已识字，不能肯定的即原来初步考定而确有问题的字，则作为未识字进一步考察，或更正补充，或断然放弃，或重新诠释。第三，在改变、改进的基础上，再来通读卜辞，把原来细绎出来的属于正确的商代历史和语言材料肯定下来，则所考证出来的字也应是正确的；而属于不正确的或可疑的文字材料，再作进一步的更正、补充或放弃，并重新研究。陈梦家在评述唐兰“三书说”时，提出了他对古代文字构造的看法，即新的三书说。第二节介绍陈梦家对商代汉语的研究，陈梦家关于商代汉语的研究，主要是对商代汉语的文法研究，在《殷虚卜辞综述》第三章文法中，具体讲殷虚卜辞的文法问题。赵诚站在学术发展的角度，比较了陈梦家与此前管燮初《殷虚甲骨刻辞的语法研究》（中国科学院，1953）；二者的根本分歧是管燮初认为“甲骨刻辞是殷代的书面语言”，陈梦家认为甲骨刻辞“不是当时语言的记录”。第三节论述陈梦家促进甲骨文断代的研究，提出断代的三标准，纠正董作宾的错误，论证师组、子组、午组卜辞当属于武丁时期。总结卜人断代总表。第四节论述陈梦家在甲骨地理方面的综合研究，陈梦家充分吸收了孙诒让、罗振玉、王国维、林泰辅、郭沫若、董作宾等人的研究成果，“加上他自己系统整理、全面考察所获，对卜辞地名进行了综合研究，并探索了史书所载盘庚前后的迁徙，才又把甲骨地理的研究推向一个新的阶段。《殷虚卜辞综述》第八章《方国地理》可以看成是自然地理，第九章《政治区域》可以看成是经济地理和政治地理的结合。这样的专论，在一定意义上可以说为甲骨地理学的建立奠定了基础”（《述要》，第460页）。赵诚总结陈梦家的甲骨地理综合研究在三个方面：一、勾勒出殷商地域活动范围，如商人始祖契至汤的八次迁徙地望；盘庚以前的五次迁徙地望；盘庚以后的迁徙地望；考察了甲骨文中商的用义。二、考察甲骨文中诸商与政治区域，论证诸商以及四土、四方等之后，根据西周材料所述与卜辞相关记载，列出一个商王国的政治区域图。三、陈梦家在田猎地名系联考察的基础上，提出“沁阳田猎区”，促进了后来研究殷代地理的学者进一步的研究讨论；陈梦家在前人零星考证甲骨刻辞中方国成果基础上，比较系统全面地整理了甲骨文中所见的方国，在《殷虚卜辞综述》中第八章《方国地理》，用了四节来讨论这些方国，讨论了48个方国。赵诚从学术发展的角度，认为陈梦家的研究确有不足和失误，但系统、综合的地理研究确是首要的贡献。赵诚《二十世纪甲骨文研究述要》的第九章中用了一节篇幅说明陈梦家《殷虚卜辞综述》中其他一些值得着重介绍的内容，举例性的做了简介。第十章，论述于省吾的甲骨文研究。简介于省吾的学术生平，总论其学术贡献。然后用四节的篇幅论述于省吾的甲骨文研究。第一节讲述于省吾研究甲骨文字考释出不少难识之字，举于省吾所释甲骨文字的实例，联系此后学术界对此考释的态度，有的过了几十年，经得起学术界的考验，说明难识之字的确释到被学术界基本认可，需要很长的时间。第二节举六例论述于省吾考释出不少甲骨文字难解的使用义。第三节论述于省吾考释甲骨文字的方法，赵诚从对比《双剑誃殷契骈枝》与《甲骨文字释林》，在甲骨文字考释理论和考释方法有某些不完全相同的地方，于是分为前后期进行论述。前期是指 1940 年前后，后期是指 1980 年前后。前期主要以《双剑誃殷契骈枝》、《双剑誃殷契骈枝续编》、《双剑誃殷契骈枝三编》所收考释成果为例，认为于省吾此时考释甲骨文字的程序是：先分析甲骨文字的形体结构；然后弄清楚声韵通假，即甲骨文的某字究竟为后代的某字；最后是进行检验，用卜辞加以检验，用论断来检验根据，并以根据来检验论断。赵诚认为于省吾结合自己考释古文字的经验教训，指出的“亦有愈分析而愈不可识者”，是对阙疑精神的发展，是真正学者的老实态度，确实难能可贵（《述要》，第 547 页）。后期主要以《甲骨文字释林》所收考释成果，来谈于省吾甲骨文字考释的新看法，他首先提出："古文字是客观存在的，有形可识，有音可读，有义可寻。其形、音、义之间是相互联系的。而且，任何古文字都不是孤立存在的。"接着他又提出："我们研究古文字，既应注意每一字本身的形音义三方面的相互关系，又应注意每一个字和同时代其他字的横的关系，以及它们在不同时代的发生、发展和变化的纵的关系。"赵诚对于省吾关于古文字考释新看法进行了诠释，并且结合于省吾考释甲骨文字的实例，论述了以上于省吾谈到的两点新认识。第四节谈于省吾对甲骨文字构形的考察，于省吾经过多年考察甲骨文字的实践，不同意传统汉字构形理论六书说，也不接受唐兰和陈梦家的三书说。但是于省吾没有说明原因。赵诚对其中的原因做了一些推测：①在于省吾的著作中始终未言及转注之例，甲骨文字构形不存在转注一类。②于省吾发现了一些具有部分表音的独体象形字，认为是介于象形和形声之间，对六书的范畴，初次作出突破。③于省吾分指事为抽象指事、具体指事和附化因声指事三类，与传统六书不合。把指事从象形中分离出来，也不符合任何一种三书说。④于省吾所说的假借字，包括本有其字和本无其字的假借，于六书说、三书说都不合。⑤于省吾所说的会意与六书说近似，但不合于三书说。⑥于省吾所说的形声与六书说、三书说均相近似，但他把附化因声指事分出来归入指事一类，似乎与六书说、三书说有异。赵诚认为可能是因为这样的认识，于省吾只好不表示对于六书说和三书说的基本看法，而只说明自己的意见（《述要》，第568页）。赵诚还将于省吾考察甲骨文字各种形符之间关系的相关表述，辑录出来，供读者参考，有助于认识甲骨文字系统。第十一章，主要集中论述了从事甲骨文研究的重要代表人物，如王襄、叶玉森、商承祚、容庚、胡小石、明义士、杨树达、胡厚宣、岛邦男、贝塚茂树、屈万里、孙海波、饶宗颐、严一萍、张政烺、金祥恒、李孝定、张秉权、曾毅公、徐中舒、其他，共分为二十一节。

然后是下编主要分为七章，第一章，阐述甲骨文资料的整理与公布，主要讲到了《甲骨文合集》、《甲骨文合集补编》、《小屯南地甲骨》、《英国所藏甲骨集》的整理材料情况，并简要介绍殷墟花园庄东地发现甲骨的情况。第二章，介绍甲骨文工具书的编纂情况，重点介绍了《殷墟甲骨刻辞类纂》、《甲骨文字典》、《甲骨文简明词典——卜辞分类读本》、《甲骨文字字释综览》、《甲骨文字诂林》、《百年甲骨学论著目》、《甲骨缀合集》、《简明甲骨文辞典》、《甲骨文虚词词典》、《甲骨学小词典》、《甲骨文书籍提要》、《殷墟甲骨文字通释稿》。第三章，文字考释，共分为八节，主要介绍了甲骨文中的数字卦的考释；关于弘或引的争论；关于袁和远字的考释；关于迩，甲骨文构形分析，甲骨卜辞的省略，甲骨文考释选例。第四章，甲骨文词义的探索，分为五节，主要论述了字形和词义关系；举了农和晨之例；一些表示时间的字；抑和执的考释与用法讨论。第五章，焦点问题的研究，分为四节。第一节甲骨卜辞中命辞的性质的争论；第二节甲骨文断代和历组卜辞时代的争议，由断代标准的讨论，提出甲骨文断代的方法问题，以及甲骨断代两系说。历组卜辞的提出及其时代的争议。第三节羌甲问题的讨论；第四节家谱刻辞真伪的大讨论。第六章，专题研究，共分为十五节，第一节周祭；第二节历法；第三节田猎；第四节军事；第五节制度；第六节农业；第七节经济；第八节生活；第九节文化；第十节地理，主要介绍了李学勤《殷代地理简论》和郑杰祥《商代地理概论》。第十一节介绍张光直提出的关于商王庙号、王位继承制度、昭穆制度的“乙——丁”制度，主要涉及张光直《商王庙号新考》、《殷礼中的二分现象》、《谈王亥与伊尹的祭日再论殷商王制》、《中国青铜时代》、《商代文明》五种论著相关内容。第十二节甲骨文字学，分为七个小专题介绍甲骨文字学研究的状况：一、甲骨文字的性质；二、甲骨文字的构成；三、甲骨文形符系统；四、甲骨文字发展演化和讹变的规律；五、甲骨文字形音义的种种关系；六、甲骨文字字素字缀字根；七、甲骨文字学专著。第十三节甲骨语言学，分为三个小专题加以介绍：一、语法研究；二、语音研究；三、词义系统研究。第十四节甲骨学，主要介绍几种甲骨学著作，如董作宾的《甲骨学六十年》，严一萍的《甲骨学》，吴浩坤《中国甲骨学史》，王宇信的《甲骨学通论》，王宇信、孟世凯、宋镇豪、杨升南、常玉芝著《甲骨学一百年》等。第十五节介绍甲骨文综合论著，如陈炜湛《甲骨文简论》，马如森《殷墟甲骨文引论》。第七章，周人甲骨文，第一节介绍周人甲骨文的出土情况，第二节主要介绍周原甲骨文的研究情况，如学者争议较多的周原甲骨文的族属和分期；周原甲骨文文字考释和词义探索。最后是《述要》一书的后记，作者公布了撰作此书之前向专家学者以及研究生征求意见后的反馈意见，这些意见对读者了解《二十世纪甲骨文研究述要》体例也有很大帮助。

七　甲骨文——研究古代史的宝贵资料

甲骨文珍藏于地下三千余年，自其被发现和不断的出土，推动了学术的迅猛发展，并形成专门的学科甲骨学。这些珍贵的材料为研究中国古代的政治、军事、经济、科技、宗教文化、历法、社会制度，提供了新的可资利用的弥足珍贵的材料。甲骨文发现110年来，学术界围绕着甲骨文反映的重要问题进行了长期艰辛的探索，取得了不少可喜的成就。如上文介绍赵诚所著《二十世纪甲骨文研究述要》下编第六章“专题研究”所述，可谓全面的介绍。

甲骨文反映的内容是多方面的，以下就几个主要方面谈谈甲骨文对于研究古史的意义。

1　甲骨文证明商代确实存在

甲骨文证实《史记·殷本纪》所载商王世系大体可信。1903年第一部甲骨文著录书《铁云藏龟》出版后，学术界迅速自觉地利用这批珍贵的史料，很快从中获取了大量有关殷商史的细致、感性的认识，从孙诒让、罗振玉到王国维的研究，尤其是王国维发表《殷卜辞所见先公先王考》、《续考》、《殷周制度论》，根据甲骨文证明《史记·殷本纪》记载商王世系大抵可信，分析殷周之际的社会变革。之后学者在王国维研究成果之上，对于甲骨文所见商先公先王的世系又有所探讨，进行了一些补充工作。这样的研究工作证实商代确曾存在，对于中国上古史研究及中华文明史意义重大。

殷墟甲骨文反映了殷商国家形态

殷商国家形态包括殷商王国在地理上的构成即国家结构和在政治上的统治方式。从 110 年来甲骨文研究的历史看，在商王国政治地理构成方式上有多种意见。

(1) 王国维《殷周制度论》的意见，广义上的商王国国家结构为商邑—王畿—归服的异姓国、族三个层次。

(2) 董作宾、胡厚宣、岛邦男主张殷商实行了分封制，董作宾、胡厚宣的意见，商王国由三部分构成：王畿—妇、子、功臣的封国—受封方国。封国与受封的方国首领为诸侯。岛邦男将商王国的结构描述为王畿—分散四方的子、帚（服）的封国—位于边境的侯、伯的封国。

(3) 杨升南发表《卜辞所见诸侯对商王室的臣属关系》认为商王国由商王直接控制的王畿（即卜辞中

的“商”、“中商”、“中土”）和诸侯治理的封国（即卜辞中的“四土”或分言之的“东土”、“南土”、“西土”、“北土”）构成，诸侯国亦有其土地和边境。

（4）陈梦家《殷虚卜辞综述》根据甲骨文将商代政治地理结构绘成示意图，即以商、大邑商为中心向外依次为奠，四土、四方，四戈，四方、多方、多邦。后来宋镇豪完善和修正了陈梦家的研究，宋镇豪《商王朝的国土经纬》（《早期奴隶制社会比较研究》，中国社会科学出版社，1996，第168～175页）认为商王畿区以王邑为中心，王邑近郊为东、西、南、北四“鄙”，再向外是东、西、南、北四“奠”，奠以王田区命名，连同宗族邑聚与农田区共同构成王畿区；自奠以远泛称“四土”、“四方”，是商王朝宏观经营控制的全国行政区域；四土以外的边地称为“四至”。

（5）联盟说。1957年于省吾发表《从甲骨文看商代社会性质》（《东北人民大学学报》1957年第2、3期）认为商代处于原始社会后期的军事民主制阶段，商与其他部落结成军事联盟并担任联盟主。1980年林沄发表《甲骨文中的商代方国联盟》（《古文字研究》第6辑，中华书局，1982），认为从甲骨文材料看，商代是城邦国家，并以其本土为核心组织了一个强大的方国联盟，亦即城邦国家联盟。商王可向联盟方国征收贡物并到联盟方国去狩猎，商王作为联盟主拥有仲裁和处罚的权力。商王国由多个都鄙群构成。晁福林《从方国联盟的发展看殷都屡迁的原因》（《北京师范大学学报》1985年第1期），进一步发展了商代国家结构为方国联盟的意见，指出商汤至商末方国联盟是有着变化的不同阶段的，总体来讲，在方国联盟中商王的权力逐渐增大，集权的趋势日益明显。

（6）宗族构成说。于省吾对商人社会中族组织的重视对后来的学者有很大的启发。1990年朱凤瀚《商周家族形态研究》（天津古籍出版社）一书，从家族组织的角度描述了商王国的国家结构。商王国内分布着子姓家族与其他商人异姓家族，他们以宗族的形态存在，各有其属地作为行政区域，是相对独立的政治、经济实体，同时也是商王国基层行政组织。子姓家族对商王朝承担诸多重要的军事、经济义务，而王室通过共同的祖先祭祀来团结、控制同姓宗族。按照朱凤瀚的说法，商王国是由各自拥有独立属地的诸多同姓家族和异姓家族构成的。

（7）多王说的设想。有一些学者从甲骨文中发现一些除了商王以外的“王名”，提出商王国内除商王外，还有其他称王者，体现出多王并存的局面。这种观点首先由齐文心《关于商代称王的封国君长的探讨》（《历史研究》1985年第2期）提出，之后高明、葛英会也有类似的意见（高明《商代卜辞中所见的王与帝》，葛英会《殷墟卜辞所见的王族及相关问题》俱见北京大学考古系编《纪念北京大学考古专业三十周年论文集》，文物出版社，1990）。对出现多王现象的解释有不同的意见，齐文心认为商王以外称王者既有属于子姓宗族贵族或功臣受封者，也有属于异姓小国君长的。高明、葛英会则以部落联盟或联合来解释多王的现象。多王说其实并不是新颖的观点，其提出可以追溯到王国维《古诸侯称王说》（《观堂别集卷一，《王国维遗书》第3册，上海书店，1996），齐文心、高明、葛英会所举诸卜辞例中，有的属于残辞、孤证，有的则有不同的理解，且材料较少，卜辞中是否存在多王的确切证据，还需谨慎。

（8）从考古学角度认识的商王国政治地理结构。从1928年殷墟发掘以来，除了商代后期遗址殷墟以外，还发现了偃师商城二里头商文化和郑州商城、洹北商城、郑州西北郊小双桥遗址、山西夏县东下冯、湖北黄陂盘龙城、山西垣曲古城南关、河南焦作府城、辉县孟庄等城址，以及山东青州苏埠屯、滕州前掌大、河南罗山天湖和陕西西安老牛坡等墓地遗址。在黄河流域、长江流域、东南沿海和北方草原地区也发现了许多相当于商时期文化遗存，如山东大辛庄遗址、江西吴城文化、四川广汉三星堆文化。这些考古发现为学者开辟了一条甲骨文资料以外的研究商王国国家结构的途径。1991年出版的宋新潮《殷商文化区域研究》一书是这种研究方法的代表作。是书把殷商时期的考古文化分为三个层次：商文化中心区，即郑州、安阳、洛阳三个中心区及其附近地区；商文化亚区，即商文化中心区周边与其有溯源关系的文化遗存，其范围大致西起关中平原中部，东到胶莱平原，北起北京以南地区，最南到江淮一线；商文化影响区，该区青铜文化与商文化并行发展，又相互交往与影响，但有其特征，其范围北起长城以北辽河上游及河套地区，南达两广北部，西至甘肃、青海地区和成都平原，东至胶东半岛。这里的第一、二层次文化可与文献和甲骨文记载的商代的王畿与四土相呼应。殷商王朝的疆域大致相当于商文化分布区，约包括鲁、豫、冀大部，皖、苏北部，晋南及陕中地区。

以上介绍了学者根据文献、甲骨文、考古材料研究商王国政治地理结构所得的结论，这些观点视角不同，都揭示了商代国家结构的一些特征，可以互相补充。综合各家之说，大体可以确定的是商王国由商人直接统治的地区和臣服于商人统治的国、族两部分构成。

甲骨文也反映了商王国政治统治方式为内外服。关于商王国的政治统治方式，传世文献和西周金文都有所描述。《尚书·酒诰》表述为“内外服”，西周早期铜器《大盂鼎》称“殷边侯田（甸）与殷正百辟”。这些记载是可信的，但除此之外，对商王朝统治方式再没有详细的描述。学者对于商代政治结构内外服的细致考察，主要就是利用甲骨文资料进行的。关于内服系统，殷墟甲骨文发现不久，罗振玉、王国维等学者就已经探讨甲骨文反映的官制问题，最早全面考察卜辞所见商王国官名的论著是陈梦家的《殷虚卜辞综述》，陈梦家说卜辞中的官名约20个，与西周官名有关系但不尽相同，可分为臣正、武官、史官三类。但是没有具体分析各官的职掌，只是据字面含义上做了划分。日本学者岛邦男与陈梦家同时探讨了商代的职官问题，他于《殷墟卜辞研究》第二篇殷代的社会中第四章“殷的官僚”部分，以甲骨文中“多某”的辞例入手，结合卜辞中的人物考察了一些官名及其职事。在陈梦家、岛邦男之后，又有学者对商代官制进行了系统研究，研究更加全面细致，注意卜辞、金文与文献的结合；更加客观地考察各官的职能；对众多官职进行符合实际情况的分类；总结商代官制的特点；与西周官制进行比较；主要举张亚初和王贵民的研究成果。1986 年张亚初发表《商代职官研究》（《古文字研究》第 13 辑，中华书局），考察了商代职官的种类、历史特点，对比商周职官，并得出对商代官制的看法。于甲骨文中找到职官 65 个，并列出了详细的表格加以说明。他认为商代职官的特点有五：一、在官者不少是商王同姓贵族。二、中央的职官是地方国族的首领。三、世官和世禄。四、职司不固定、不专一。五、诸侯邦族也设官职，但种类简单。张亚初的研究与前人相比有不少进步，也存在以西周官制推想商王国官制的问题；所提出的“三事”、“两寮”（卿士寮、太史寮）说，在甲骨文中缺乏充分的证据。1986 年王贵民发表了《商王朝官制及其历史特点》（《历史研究》1986 年第 4 期）一文，该文利用甲骨文及少数商周金文材料，并结合《尚书·酒诰》，较为客观地分析了商王国官制结构及其历史特征。与多数学者将《尚书·酒诰》所载“越在外服，侯甸男卫邦伯”理解为封君、诸侯不同，王贵民认为侯、甸、男、卫均是商王国的地方行政长官。总结商朝官制的特点：一、一些部门无明确的分职，职务不固定，职人与职事不一致。二、商代官制带有严重的宗族血缘性质。三、臣仆用事，即官制中小臣占相当比重。杨升南撰述《甲骨学一百年》商朝官制部分时，基本上采用王贵民的观点，并有所调整补充。除了以上系统研究商代官制的成果外，历年也有不少专论某一职官的文章，此处不一一细数。

关于外服系统，《酒诰》说“越在外服，侯甸男卫邦伯”，甲骨文材料中具体反映了侯、甸、男、卫、邦伯的情况，补充了文献记载的简略。学者们对卜辞中的侯、甸、男、卫的身份有不同理解，主要有诸侯说、地方行政长官说两种意见。随之而来的是外服制性质的不同意见。1982 年徐中舒、唐嘉弘《论殷周的外服制——关于中国奴隶制和封建制的分期问题》（《人文杂志》增刊《先秦史论集》）一文，视外服为诸侯，认为殷周外服制的实质是一种指定服役制。1983 年裘锡圭发表了《甲骨卜辞所见的“田”“牧”“卫”等职官的研究——兼论“侯”“甸”“男”“卫”等几种诸侯的起源》（《文史》第 19 辑）一文，肯定卜辞中存在田官，“在某田”是卜辞中有田这种职官的证据。认为商王派驻到商都以外某地农垦的职官，带领其族众并拥有武装，后来转化为诸侯；牧、卫的情况类似，他们本是商王派驻外地的从事畜牧、保卫商王国的职官，也带领族众并拥有武装，后来也转化为诸侯。侯的情况则稍有不同，卜辞所见者一般已经具有诸侯的性质，可能侯本是驻扎边地保卫王国的主要武官，地位重要，武力比较强，所以转化为诸侯比田、牧、卫要早；卜辞中任与男相通，其身份大概是侯、伯派到王朝服役的职官，其中一部分人后来转化为诸侯，但地位较低。他们转变为诸侯是受地理条件限制的，那些距离王都较远的人才能逐渐转变。甲骨文材料也反映了外服的具体数量和人物，杨升南在《甲骨学一百年》中有详细统计，可以参看。1984 年王冠英发表了《殷周的外服及其演变》(《历史研究》1984 年第 5 期) 一文，认为外服是殷商的邦君诸侯，与商王是不平等的方国联盟关系。并对殷周之际外服的演变作了考察。

甲骨文的相关记载标明，商代内外服都要向商王朝贡献一定的物品，以示对商王朝的臣服。如五种记事刻辞就反映了内外服贡纳龟版和兽骨的情况。贡纳的种类包括牲畜、野兽、谷物、财物、奴隶等。

殷墟甲骨文反映了商王国的社会组织和社会结构

20 世纪 30 年代郭沫若等人将唯物史观引进到甲骨学殷商史研究领域之后，学者逐渐关注并深入研究殷商王国的社会组织和社会结构。经过几十年的讨论，学者们对商王国的社会形态有了较为客观的认识。以下主要从社会组织即家族或宗族与社会分层两个方面加以介绍。

(1) 家族和宗法。学者根据甲骨文等材料研究商代家族和宗法问题，可以分为两个阶段。20 世纪四五十年代是研究的第一阶段，相关讨论比较宏观，多具有开创性、前瞻性的研究。学者从甲骨文材料出发，认为商代社会以家族为基础，1944 年胡厚宣发表《殷代婚姻家族宗法生育制度考》（收入《甲骨学商史论丛初集》）一文，指出商王武丁时期甲骨文中的“王族”、“子族”、“多子族”、“三族”、“五族”，均当是指家族，而非氏族。通过考察甲骨文反映的商王继承制度、王室婚姻制度、宗庙制度、神主制度，认为商代已经有宗法制的雏形。这对以后的相关研究影响很大，是许多相关研究不能回避的基础和起点。1951 年张政烺发表著名的论文《古代中国的十进制氏族组织》（收入《张政烺文史论集》，中华书局，2004），提出商周时期存在着十进制氏族组织的观点。认为甲骨文中的族大概就是百人的氏族。这一看法对以后学者认识商周时代的族组织起到了积极的作用。1956 年陈梦家《殷虚卜辞综述》也对殷商的族与宗法进行了讨论，他考察了甲骨文中的几种“族”后，认为甲骨文中的“族”似是介于“姓族”、“分族”之间的“氏族”，与“族邦”之族相近，和族名、邑名也有关系。陈梦家分析了《库方》1506“家谱刻辞”、易州三句兵、殷墟甲骨文材料，认为殷代有宗法，但与周代不同。甲骨文中的大宗为王室直系，直系的条件是有子继位；兄终弟及的继统法中，兄在政治上优于群弟；殷商一世只有一个直系与后世宗子有相近的性质。他指出的商代后期宗法的实质在于以大宗为核心，并不像周制单纯重视嫡长子，这一看法对后来学者影响很大。1957 年李学勤发表《论殷代亲族制度》，宏观地概括了殷代的亲称、日名、继承制度和亲族制度及其特点。对认识商人家族形态有一定的帮助。20 世纪 70 年代末至

90年代初，是学者研究商代后期家族与宗法的第二阶段。这段时间里，学者深入发掘甲骨文的史料价值，细致地考察家族结构及在社会中的活动、商王室的继承制度、宗庙制度、神主制度等问题，并热烈讨论了宗法制的有无。1979年林沄发表《从武丁时代的几种“子卜辞”试论商代的家族形态》(《古文字研究》第1辑）一文，利用殷墟非王卜辞材料考察商人贵族家族的结构、经济基础和族长权力等问题。认为非王卜辞中的“子”是贵族家族的首脑通用的尊称；非王贵族家族的成员有弟辈、子辈、妻妾、弟媳、儿媳、子侄或孙辈，此外还有奴隶。贵族家族有自己的土地、牲畜和住宅，在商都之外有自己的邑落，但其土地的来源和所有权不能详考；贵族族长有呼令他人的权力，他们与家族成员之间的关系是君臣关系；通过各家族的祭祀对象可以判断他们与王室血缘关系的亲疏，多子族是与商王有血缘关系的父系家族，而王族则是与商王有最近血缘关系的亲属；各家族之间、各家族与诸侯、王室都有往来；商王是凌驾于各同姓、异姓家族之上的“总族长”，各家族为王室担负着政治、军事、经济等方面的义务，商王也为维护王权，通过封赏、宴射、祭祀等手段笼络各家族族长。1983年裘锡圭发表了《关于商代的宗族组织与贵族和平民两个阶级的初步研究》（《文史》第17辑）一文，进一步论证商代存在与周代类似的宗族组织，并提出商族各宗族的族人基本属于统治阶级。此文明确主张商代后期商人社会中存在宗法制度，认为宗法制度实质上是经过改造的、保留在古代社会贵族统治阶级内部的以父家长大家族为基础的父系氏族制度；商代区分直旁系的“帝介”之制与宗法制强调宗子世袭制以及大小宗统属关系的精神是完全符合的；过去讲周代宗法往往过分重视立嫡立长等具体规定的意义，是不妥当的。1985 年杨升南发表《从殷墟卜辞中的“示”、“宗”说到商代的宗法制度》（《中国史研究》1985 年第 3 期），从商王室的神主制度、宗庙制度入手论证商代存在宗法制度。他认为商王继承上有两种嫡庶之分，一是同父诸子按生母地位，有继承权的是嫡，无继承权的是庶；二是有继承权的诸子按照其长幼，有子为王者是嫡，是直系，即大示，其宗庙不毁，正式配偶受特祭，祀典隆重。而作为直系大示的嫡长子主要是长子，故商王继承制以嫡长子相传为常法。1989、1999 年晁福林分别发表《关于殷墟卜辞中的“示”和“宗”的探讨——兼论宗法制的若干问题》（《社会科学战线》1989 年第 3 期）、《试论宗法制的几个问题》（《学习与探索》1999 年第 4 期）两篇文章，力主商代没有宗法。认为商代国家是以商王朝为核心的方国联部落盟，各方国部落不必与商王同姓，保持密切的血缘联系，故无实行宗法制的土壤。商人的大示、小示的区分只在于时代早晚，而不在于嫡庶；王的配偶是否进入祭祀，在于其子是否为王，而与她是嫡妻、庶妻无关；商王的儿子也没有嫡庶的区分；商人祭祀重视远祖，与周代宗法制的精神不合。1990 年朱凤瀚发表《殷墟卜辞所见商王室宗庙制度》（《历史研究》1990 年第 6

期）一文，提出了他对商代有无宗法制的一些看法。他提出商代晚期商先王、先妣宗庙设置的原则是：直系先王有单独受祭的宗庙；直系先王的宗庙不毁；为近世直系先王增设祭所；只有部分近亲先王配偶有单独宗庙或其他祭所。指出商王室的宗庙总体构成、设置原则与宗庙活动均体现了为强化王权与团结子姓贵族服务的特点。1990年葛英会发表了《殷墟卜辞所见王族及相关问题》一文，认为殷墟卜辞中的“族”就是参加到商部族联合的诸氏族部落，按照其繁衍派生关系又分为王族和子族。指出甲骨文中，族名、人名、地名、神名具有四位一体的特征。1990年朱凤瀚出版了《商周家族形态》一书（是书2004年又出增订本），第一章“商代家族形态”中综合利用甲骨文、金文、墓葬、传世文献等丰富的史料，吸收了文化人类学的理论和方法，深入探讨了商代后期商人族组织类型、家族组织结构、家族成员的等级结构、宗族内部的政治经济形态、商人诸宗族与商王朝的关系。他认为商人家族以多层次的亲属集团即宗族形式存在，是姓族的分支，是独立的政治经济实体，有各自的属地和族墓地，其内部已经有贵族和平民的等级差别，宗族长主持家族祖先神祭祀，是宗族政治、军事、经济的首领和主宰，各级族长以嫡长子继承为主，商王室与重要同姓宗族仍结合为血缘共同体，商王以宗子身份主持对共同王室祖先神的祭祀，而诸同姓宗族也在宗法关系的制约下为王室承担经济、军事义务，成为商王朝存在的主要社会支柱。朱凤瀚主张宗法制的核心在于维护宗子在本宗族内的至尊地位。

以上所述学者对于商代有无宗法制的讨论，多是根据甲骨文的记载进行的综合研究，得出的结论有所不同，主要是因为各自对宗法制的核心或本质问题理解存在差异。但反映了甲骨文对于研究殷商社会结构具有极其重要的意义。

（2）社会阶层——对于甲骨文中“众”的考察。

学者对商朝内部社会结构的研究主要分为两个层次。一是宏观的考察，往往和对商王朝所处社会发展阶段的估计相结合；二是微观考证，侧重对某一类具体的人或阶层的研究。自 20 世纪 30 年代以来，学者们对商王朝所处的社会发展阶段作出不少估计，先后提出氏族社会、部族社会、军事民主制下的部族联盟、奴隶制社会、封建社会等许多看法。不同意见的学者对商王朝内社会分层的看法就有所差异。就目前所知的甲骨文材料和殷墟考古收获来看，氏族社会、部落联盟等说法，由于提出是说的时代原因，造成过于低估了商王国所处社会发展阶段。仅就影响大的奴隶社会说、封建社会说及其他新说介绍一下学者对商代社会分层的意见，其中各说争论的焦点是甲骨文中“众”的身份问题。

在主张商代处于奴隶社会说的学者看来，商王朝社会结构基本上是由各级奴隶主贵族包括商王、王室成员、内外服职官，平民，奴隶三类人构成的。其中的平民被认为是处于城中或村落中的自由民，但仍处于下层被统治阶级地位。持商王朝是封建国家观点的学者有日本的岛邦男，他逐一考察了持奴隶社会说者指出的见于甲骨文的奴隶的身份，并全面给予否定。岛邦男同意“众”是自由民的看法，他描绘的商王朝社会结构是：商王，世袭且领有土地的侯、伯、子、服、冢宰、将帅，广大自由民（众），少数俘虏充当的奴隶和其他各类人四种阶层。

殷墟甲骨文所见直接参与农业劳动的社会阶层只有“众”，对“众”的身份的正确认识，关乎估计商王朝所处社会发展阶段的大问题。学者的相关讨论很多，可谓众说纷纭。关于殷墟甲骨文中“众”、“众人”的看法主要有奴隶说，自由民说，家长制家庭公社成员说，族内农夫说，平民说，“众”是奴隶主，“众人”是自由的公社成员说，奴隶主阶级说，半自由民说。其中20世纪80年代以后，学者的研究主要集中于“众”、“众人”是奴隶还是族内平民的两个问题上。相关讨论见王宇信、杨升南主编《甲骨学一百年》第478～479页。是书赞成甲骨文中的众、众人为奴隶说，对平民说进行了分析和批判，分析了甲骨文中关于众人身份的重要资料，指出判断众人社会身份主要看是被他人完全占有还是不完全占有。2001年晁福林发表了《补释甲骨文“众”字并论其社会身份的变化》（《中国史研究》2001年第4期）一文，从分析甲骨文中“众”的造字本义入手，指出甲骨文“众”字表示处所或火塘的义符下的三人形，其造字本义即在火塘旁生活的许多人，众字所表示的应即殷商时代的氏族成员。该文从不同时期分析了甲骨文中“众”、

“众人”身份的变化；认为武丁时期，众是商王朝直辖区域内子姓氏族成员，是商王室经济的主要劳动生产者，众直接归商王朝管辖，并不是某地或某族之众，可以参加商王朝的祭祀大典。而此时期卜辞中的“人”指臣属于商王朝的子姓部族以外的方国部落的人。到了廪辛康丁时期，众的情况发生了很大变化，社会地位有所提高。由之前以农田劳作为主要职事逐渐变成了主要是戍守和征伐，成为王朝军队的中坚力量。此期甲骨文中的“众”与“人”的界线已经淡化。到了殷代晚期，众与人的界线逐渐消失，“众”作为单独的社会阶层，实际上已经不复存在。在第五期卜辞中“众”字罕见，辞例较少且多残辞。有擒获众的辞例，这里的众当是众的阶层分化以后处于下层者，众的上层则跻身于贵族、武士行列，其下层与一般人没有什么区别，“众”的概念已经被“人”所代替。第五期卜辞之所以很少出现“众”原因就在于此。

朱凤瀚发表《再读殷墟卜辞中的“众”》系参加“第二届古文字与古代史国际学术研讨会”提交的论文，收入《古文字与古代史》第二辑（中研院历史语言研究所 2009 年出版）。

4 殷墟甲骨文反映了商王朝统治的国家机器

刑法、监狱、军队是最重要的国家机器。法律由国家制定和强制执行，它体现的是统治阶级意志和利益，用以维护政治制度并保障社会构成有序的运转。甲骨文相关记载反映，商代的刑罚、监狱已经较为完备。《尚书·多士》记载殷先人“有册有典”，相关文献记载商代是有刑罚条文的。殷墟甲骨文中已经发现，商代有刑罚、监狱等设施，经学者多年研究，方能窥其大略。甲骨文中所见商代的刑罚有死刑、肉刑、徒刑三种。①死刑处死人的方法有很多，极为残酷，如砍头，甲骨文中用“伐”、“馘”两字。伐字像用戈割人之颈；馘字像用斧钺砍掉奚奴的头。如卯，就是将人体对剖。如凌迟，甲骨文中有乇为剖腹刳肠、裂体分尸的极刑。如剁成肉酱的醢刑、火刑、活埋、沉水而死等残酷的死刑。②肉刑是伤残人肢体的一部分，主要有断其一足的刖刑，宫刑，割去鼻耳、在面额刺字并涂以墨的黥刑。③徒刑见于甲骨文有两种，一为拘系；一为流放。被拘系的人或囚于监狱中，或发配到某地作苦役，商王国时常派人去视察。甲骨文中有带脚枷人于道中形状的字，又有两手捉住人头于道之字形，像带着刑具的“罪徒行于流放道上”，表示流放之刑（宋镇豪说，见胡庆钧主编《早期奴隶社会比较研究》，中国社会科学出版社，1996，第194页）。

甲骨文也反映了商王朝的国家机器之一——监狱的情况。甲骨文中表示监狱的字多从方框，表示屋室的平面，屋内有一带手枷或手脚枷的人。这一类字像拘罪人于囹圄中的形状，都是监狱的象形。齐文心利用甲骨文对商代监狱做了系统研究，揭示了商代在各地建造的监狱和监狱中所监禁的人的身份。监狱中所囚禁的主要是异族战俘及奴隶，统治阶级中的贵族也有被囚禁的。甲骨文中有商王下令派人巡视监狱的辞例。

甲骨文材料也反映了商王朝的重要国家机器——军队及军制的情况。商王朝的统治方式是内外服，即商王直接统治的区域和诸侯们的领地，强大的贵族也有大片领地。商代的军事力量组成为：国家军队、诸侯军队和贵族武装。国家军队在甲骨文中称“王师”、“朕师”、“我师”、“我旅”、“王旅”、“王行”等。诸侯国的军队在甲骨文中称“某师”，“师”前之字为诸侯名或地名，这样称呼的“师”，是诸侯国的军队。诸侯国的军队受到王室节制，有随王出征的义务。如武丁时期卜辞《甲骨文合集》第5504、5512片记载着商王朝“南土”的三个诸侯国我、舆、曾，跟随王师右、中、左三军作战于南土。贵族军队见于甲骨文主要是族组织武装。甲骨文中所见的族有王族、子族、多子族、三族、五族等。据姚孝遂主编《殷墟甲骨刻辞类纂》汇集的资料，王族有追召方、敦伐人方、鬼方等军事活动，还有商王命令王族守卫、载王事等事例。甲骨文所见子族多为从犬侯有事于周的军事活动，三族有征伐土方、追击召方的记载。五族只见到戍守的职责。甲骨文中族的军事活动与整个甲骨文中所反映的商代军事征伐相比，是很少的。商代的军事编制在甲骨文中也有反映。甲骨文中有师、旅、行、戍，研究者认为它们是商王朝的军队编制名称。师由右、中、左师构成，已经有上举武丁卜辞证实，而武乙文丁时代的卜辞中有对“王作三师右、中、左”的占问，有学者认为这是一次扩军行为，由武丁时代的三师扩充为六师。“师”由万人构成，师下是旅，旅在甲骨文中有“左旅”、“右旅”之称，有学者认为甲骨文中的“王旅”即是“中旅”。甲骨文中有“中行”、“右行”、“上行”、“东行”、“大行”等属于步兵的编制，这与商周时期作战采用方阵战术有关。甲骨文中记载戍有右、中、左之分，其编制方法与师、旅、行相同。戍的主要职责是守卫，较长时间地驻防一地，戍守活动多使用族的武装。甲骨文对于商代的兵种也有所记载，专家认为有步兵、车兵、骑兵、舟兵。骑兵已经出现但规模不大。商代的战争以车、步卒相结合为主，以步卒配合战车。甲骨文中也记载了对军队的训练，有对射手的训练，称为“庠射”；有训练马的，称“学马”即教马，也就是训练马匹；有训练众的，称“学众”即教众。更大的训练是军事演习，甲骨文中称作“振旅”，据文献旧注振旅是军事演习的名称之一。古时候军事训练与田猎活动是相结合的，甲骨文记载的不少田猎活动都具有军事训练、军事演习的性质。

5 殷墟甲骨文反映了商王朝赖以存在的经济基础——农业生产

农业是商代的主要生产部门，从甲骨文中所反映的农业状况可知，商代的农业生产已经处在一个较为发达的水平上。首先是农作物品种十分丰富，后世所称的“五谷”粟（稷）、黍、麦、稻、豆都已经齐备，有的作物有不同的品种，有黏与不黏的分别。①禾字在甲骨文中有两种字形，一种是没有聚穗的，一种是有聚穗而且下垂，谷子的穗是聚而下垂的，甲骨文中的禾字是指谷子，去掉皮称为小米。谷子（粟）是北方的主要粮食作物。甲骨文中常见商王有受禾、受年的贞问，卜问禾（谷子）的收成，是商王最为关心的。甲骨文中还有一字从禾、从禾茎叶间数小点或圆圈的字，叶间小点少则两点，多则五点，点、圈的多少没有一定，有专家认为这些小点是水点，这种作物从禾聚穗下垂，属于禾类，即谷子别种。禾的别种有一种叫秫的，就是黏稷，即黏谷子。②黍和穄，甲骨文中黍字作散穗状，今北方称作黍子或糜子，去皮叫大黄米。黍也分为黏与不黏两个品种。黏的称为黍，不黏的称为糜，又称穄。表现在甲骨文中就是带水的黍字形是黏的，不带水的黍字形是不黏的。③麦，麦字在甲骨文中作从来从夕的形状，专家一般都释为麦字，其穗是直上的。甲骨文中麦字有作为地名的辞例，也有作为主食的麦子的用例，甲骨文中有称“食麦”即是吃麦子。④豆，《甲骨文合集》第 10047、10050 片有受黍年和受豆年共见于一版上的贞问。黍和豆的收成都是商王所关心的大事。⑤秜（稻），据汉代学者许慎撰《说文解字》的解释，稻今年落来年自生谓之秜。甲骨文中有记载让一个叫甫的到某地的农田区去种植秜这种作物，说明它已经是人工培育的稻了，并非野生的。根据学者的研究，从甲骨文中考辨出来的农作物的品种已经不少了，反映了商代栽培技术不断改进，商代实际种植的农作物品种一定比甲骨学专家们从甲骨文中辨认出来的要多。甲骨文中对商代的生产工具也有所记载，有起土的工具如锸、耒、犁耕；中耕工具，如除草的工具耨，松土除草工具铲，收割工具，如镰和刀。

据专家研究，甲骨文也反映了商代农业生产的过程。商代农业生产过程从耕地的选择到收获储藏，在甲骨文中都有相关的反映。具体过程如下：①选择耕地。甲骨文中称为“省田”，省田的目的是相土地适合种植何种作物。商代农业生产已经注意高下原湿，甲骨文中即有上田和湿田之分别。上田就是冈上的土地，湿田就是低洼地块的土地。②清除田地表面的草木。古时候耕种的第一步是要先除去田地里的草木，甲骨文中有除田面杂草的占问。③垦荒。甲骨文中作“裒田”，时间是五六月和十二月份。这是垦殖撂荒地。④翻耕土地。甲骨文中称作“咎田”、“耤田”，这是春播前的翻土农活。⑤整理土地。整理土地甲骨文中称为“壿田”，就是把开荒的土地作出垄来，把它变成正式的田亩。⑥施肥。甲骨文称作“粪田”，华北平原农村种地讲究施底肥，在播种前将农家肥于春节前推到田间，翻耕前用铁锨将其散开，耕田时就会将肥翻压在土里。甲骨文记载这一农事在年节前后。商代饲养牛马羊猪已经用圈栏，牲畜之粪便可以肥土，这是商代人已经知道的事实。⑦播种。在甲骨文中播种是以名词农作物品种为动词，即为播种某种农作物。但播种的方式是撒播、点播或是条播，目前限于材料无从考证。⑧田间管理。田间管理工作见于甲骨文的有中耕除草、灌溉治水、治虫害。⑨收获。收获有摘穗和割秆两种方法。⑩脱粒。有学者认为甲骨文中有描绘古人打麦形象的文字，一手持麦，一手持条击打麦子。⑪储藏。粮食的储藏在甲骨文中称作“廪”。商人的仓廪多建在商都以南，甲骨文中称“南廪”，在其他地方也建有仓廪，商王经常派人前往巡视，以保护仓廪的安全。

甲骨文中所见参加农业劳动的主要是“众”或称为“众人”的一种人。甲骨文所见皆是众在商王和有关官员的组织下，进行集体劳动，如劦田、裒田、耤田、收取黍等劳动，是为商王室耕作。甲骨文材料也反映了商代在农业管理方面建立了完善的体制。首先商王亲自下令从事农业生产活动，如“大令众人劦田”。商王室专设主管农事的官员，甲骨文中称为“小耤臣”，主管农业直接劳动力的众人，称作“小众人臣”，即“众人小臣”。主管收割的称为“小刈臣”。甲骨文中还有“尹”、“多尹”从事农业生产的管理工作，尹就是官长的意思。甲骨文中还载有商王呼令王官去管理某种农事的情况，商王和臣僚对农事的管理贯穿农事的全过程，从“省田”到收割、储藏、省廪都有商王和臣僚的关注。商王还经常向神灵祈求年丰和找出谁为害于禾稼之事。商王向神灵祈求，反映他们对农业十分重视的事实。

6 殷墟甲骨文反映了商王朝的礼制

甲骨文中关于祭祀的材料尤其之多，反映了商王朝宗教祭祀有一定的礼制可循。甲骨文反映了商代统治者对上帝的信仰，从甲骨文中所见材料看，上帝具有驱使风、雨、雷等自然神的权能，还能主宰人间的吉凶、祸福。甲骨文中记载着商王祈求帝令风、令雨、令雷的情况，希望帝能及时降雨，确保人间农业生产丰收。有时商王也祈求帝不要降旱灾、不要刮大风为祸人间。有时商王还占卜帝能够保佑并帮助商王打败敌对的方国。有时还占问帝保佑某城邑不被水淹。帝之所以能够令风、令雨、令雷、令云，根据甲骨文知道，风、雨、雷、云都是帝的史臣。总之，甲骨文反映帝主要对人间的年成、战争、作邑、王的行动有重要影响。但未见到对上帝的隆重祭祀，商王更多的是敬畏上帝的权威。

甲骨文反映了商人对自然神的崇拜与祭祀礼仪，甲骨文中有对日神祭祀的例子，有采取宾祭、御祭等祭祀方式祭祀日神的记录。宋镇豪《甲骨文“出日”“入日”考》（《出土文献研究》，文物出版社，1985）认为甲骨文中还有“出日”、“入日”、“出入日”的祭祀太阳礼，所用牺牲有三牛、多牛不等。甲骨文中还有祭祀东母、西母的记载，有学者研究认为东母、西母为商人心目中司生命之神，由商代先王配偶先妣衍出，分主四方。甲骨文载以烟火升腾的燎祭方式祭祀东母、西母，大概是求其保佑商族子孙的繁衍。甲骨文有商王对云神的祭祀，从甲骨文材料看，商人把云视为神，并加以祭祀。商王亲自主持或是令重臣主持，以燎祭或酒祭的方式祭祀云神，祭祀牺牲用豕、羊、犬。被祭祀的云有一至六云，反映了商朝人的望云，所观云的色彩或形态变幻，可能有特定的灵性特征。《甲骨文合集》14294、14295 片载有东西南北四方的方名和四方风名，并且有对四方和四方风举行禘祭，求得好年成。有学者认为四方神名和四方风神名，内寓方位、地域和春夏秋冬四季的意义。商代以农业生产为主，农业生产主要依靠雨水，甲骨文中风、云、雷、虹、雨水皆由上帝所命，风、云、雷、虹、雨水来自四方，四方各有神灵，与上帝和风、云、雷、虹、雨水共同主宰着人间农作物的丰收。所以商代人把四方也奉为神灵加以崇拜和祭祀。

甲骨文中祭祀祖先的辞例所占数量最多。据学者研究，商代人所崇拜的祖先神大约可以分为两类：一类是高祖神；一类为先公、先王、先妣诸神。首先说说甲骨文中关于商人高祖神的崇拜和祭祀。甲骨文中明确有高祖名号的只有高祖夔、高祖王亥、高祖河、高祖上甲，有学者根据甲骨文中有与高祖河并列祭祀，并且用牲规格、祭祀方式都相同的神灵，认为这些神灵与高祖具有同样的性质和地位，可以降福也可以降祸，商人经常向他们祈雨、求年、祈祷农业丰收。为了免祸祈福，殷人向他们举行多种祭祀，并用酒和牛羊等牺牲献祭，甚至以人为牺牲。这种既是自然神又有祖先神的特征的神，有学者认为是商人出于神道设教的目的，将自然神祖神化了。

甲骨文中载有商人对先公、先王、先妣诸神的祭祀与崇拜。殷墟甲骨文表明，商代先公自上甲、先妣自示壬的配偶妣庚开始用十个天干作为日名。对于先公、先妣以日名的意义，学者间有生日说、死日说、祭日说、次序说等不同意见。也有学者利用甲骨文材料证明商人的日名有些像谥法，是在死后选定的，和生日、死日无关，祭祀日依据日名而确定，并不是日名依据祭祀日而定。商人祭祀其先公先王、先妣大多是在其日干名之日举行，仅有极少数例外。据学者研究商人祭祀先公、先王、先妣采用单祭、合祭、特祭、周祭四种祭祀形式。单祭是对某一位先王或先妣单独进行祭祀。合祭是集合多位祖先同时进行的祭祀方法。在进行合祭祭祀时，有按照祖先的世次由远及近顺次安排的顺祀，也有按照祖先世次由近及远依次安排的“逆祀”。逆祀的说法由裘锡圭首先提出。目前所见材料尚未有单纯合祭先妣的记录。特祭，郭沫若早年曾提出过先妣“特祭”之说，但今天的甲骨文研究证明祭祀先妣不用特祭。常玉芝通过对黄组卜辞的研究，提出商人对近世直系祖先举行多种特殊祭祀，如祊祭，祭祀对象的范围极有限，只针对血缘关系最近的直系祖先。周祭是商王及王室贵族按世次日干用彡、翌、祭、壹、劦五种祀典对其祖先轮番和周而复始地进行的祭祀。这种祭祀是一个王世接着一个王世，连绵不断地举行下去，因此它是商王朝一种非常重要的祭祀制度。最早发现周祭的是董作宾，他在提出甲骨文分期断代的十项标准和五期分法后，又进行了甲骨文分类的研究，发现殷代礼制有新旧两派的不同，他对新派的祀典进行研究时，发现了周祭五祀所祭祀的先王、先妣都是依其世次日干，排入祀典一一致祭。于是他理出了五祀中先王、先妣的祭礼次序。同时又根据刻在牛胛骨和龟腹甲上的附记以甲日命名的先王五祀的卜旬卜辞，理出了每种祀典循序祭祀先王、先妣一轮祀典，也就是五祀的祭祀次序“彡—翌—祭—壹—脅”周而复始地进行。董作宾对卜辞分期断代以及五种祀典制度的发现，对甲骨学和殷商史研究都具有重大的贡献。

随着新材料的不断发现和甲骨学研究的深入发展，自20世纪50年代起，国内外学者对董作宾的分期断代和五种祭祀研究展开了热烈的讨论，前文已经系统讲述了甲骨文断代方法的研究情况；而对五种祭祀即周祭的研究，陈梦家、岛邦男、许进雄、常玉芝先后进行了系统研究，针对一些问题都系统地提出了自己的见解。学者们研究周祭主要围绕以下几个问题，周祭卜辞的类型和特征，以此弄清楚周祭的卜问次序和祭祀的程序；先王、先妣的祭祀次序和受祭的数目；周祭的祭祀周期与五种祀典的祀首；“隹王几祀”的祀的意义及周祭祀谱的复原。周祭卜辞以黄组中的数量最多，其次是出组中保存得最好。常玉芝总结了黄组和出组周祭卜辞的类型和特征。周祭祭祀程序是：①当某一种祀典开始的前一天即癸日，卜问以此种祀典祭祀自上甲始的多位祖先是否顺利，并记上举行此种祀典的年月日。这条卜辞就是合祭卜辞，卜问的是周祭某种祀典整个祀季十旬的祭祀。②当每一旬的祭祀即将开始举行之前，需要在上一旬末日癸日卜问该旬的祭祀是否顺利，并附记上此旬第一日甲日所祭祀的甲名先王的祭祀，并附记上举行此种祀典的月份，有的也记年。这就是附记甲名先王五祀的卜旬卜辞。这种卜辞卜问的是某种祀典十天内的祭祀。③当要举行某王的祭祀时，要在举行祭祀的前一日，即在先王日干名的前一天，卜问第二日的祭祀是否会顺利，有时候附记上月名，这就是卜问次日祭祀的卜辞。④当某日要举行某王、某位王的配偶的祭祀时，还要于当日卜问这个祭祀是否顺利，其记录就是王宾卜辞。卜问的是某种祀典当天对某王某妣的祭祀。一个周祭周期相当于一个太阳年，周祭五种祭祀方法中哪一个处于首位呢？学者间有不同意见，利用周祭五种祭祀排出祭祀的谱系，时间相连构成一个历法的谱系，对于确定商代历史年代有着重要的意义。某一王世周祭祀谱的确定就可以大致确定这个王继位的时间及大致的历史年代。后来夏商周断代工程也利用了学者对周祭的研究成果，把周祭祀谱所得历日与历法的推算结合起来，推定商代的纪年。

甲骨文也反映了商代已经实行竞射的射礼，学者利用甲骨文材料结合文献及商周金文考述商代的射礼，特别是殷墟花园庄东地甲骨的出土公布，为利用甲骨文进一步探索商代礼制提供了更多有说服力的材料。如宋镇豪《从新出甲骨金文考述晚商射礼》（《中国历史文物》2006 年第 1 期）一文就是这方面研究的重要收获。

甲骨文材料反映了商代外服朝见商王的觐礼及商王接待外服的宾礼。甲骨文材料反映了商王举行的享宴之礼，以及大臣见王时的礼节。殷墟甲骨文相关材料表明，商代的外服有朝见商王的义务，或是因为战争局势前来朝见商王寻求援助，外服朝见商王一般都带有表示其诚意的贡物，这些贡物一般是其地方特产，主要用于宗庙祭祀。外服来朝见一般是在宗庙场所，献上贡物助祭商王，有时商王还占卜让某外服邦君辅助商王行祭礼。按照商代人的信仰，通过祭祀商王祖先，使得外服的祖先也能够享用祭品。意味在祖先神面前进一步加强商王与外服的团结关系。祭祀之后，商王设宴款待外服邦君，通过享宴之礼进一步拉近外服与商王的距离，宴席间还举行射礼。按照传统的解释，举行射礼的寓意是外服与商王团结起来共同射那些不安宁即造反的诸侯。

甲骨文还记载了商王训练军队的大蒐礼，在这方面钟柏生、张永山都有较好的研究。殷墟甲骨文中有不少商王田猎的辞例，按照郑玄注《周礼》意见，田就是习兵之礼。文献上将田猎训练军队的行为称为大蒐礼。大蒐礼的主要目的就是检阅师众，前文提及商王朝的军队由国家军队、诸侯军队和贵族武装构成，商王举行大蒐礼就是检验外服诸侯、内服贵族家族对商王朝的服从程度。通过大蒐礼中的军事配合考察各自尽职事的程度给予赏罚，整顿社会组织。最近郭旭东发表《殷墟甲骨文所见的商代军礼》（《中国史研究》2010年第2期）一文，主要从卜辞记载，并结合文献勾勒出商代军礼，如将敌情告知先祖并于庙堂内谋议，占卜选将和册命之礼，迁庙主和立军社之礼，立大旗集合队伍和乞师集合物资之礼；以田猎形式进行的大蒐礼，振旅、饮至等礼节；战后向祖先报告征伐所获的献捷献俘礼。此外，田猎大蒐礼有焚田活动，放火烧荒，驱赶野兽等活动，客观上为耕田的开垦创造了条件。

甲骨文反映了商王对农业生产重视而举行的耤田礼。殷墟甲骨文已经记载耤田礼的早期形态，甲骨文中有不少关于商王命令某位臣子率领族众耤田于某地，商王还亲自观察耤田的情况。有学者考证商代的耤田礼由这样几个仪节构成：商王动员众人的协田令，即要求众人通力协作耕作王田；之后是王率众在南郊耕田；播种之后则由商王专门设置的官吏负责农作田间管理直至收获储藏。耤田中新收获的农作物要有一部分用来宗庙祭祀。

甲骨文反映了商代的学校教育礼。宋镇豪《从甲骨文考述商代的学校教育》（《2004年安阳殷商文明国际学术研讨会论文集》，社会科学文献出版社，2004，第220～230页）一文，根据甲骨文材料并结合文献记载，考证商代贵族子弟在“大学”中受教育和演习礼仪。贵族子弟受教育的场所还有小学。在这些学校里赡养着一些德高望重、礼教经验丰富、极有社会地位的老人，他们对贵族子弟进行传授教诲。如乐师多万、精于乐技祭礼的瞽矇、巫师、亚官乃至商王。甲骨文反映商代的贵族子弟受学的内容与社会生活实践直接相关，习文习武，学舞学乐，习骑战术，习射礼等。贵族子弟无故不能旷课，似已经产生学籍制度。商代贵族子弟受教育的方式，通常是让受教育者直接在社会活动场所或礼教场所进行揣摩学习，以明人伦教化，或直接接受战斗技能训练，增加自身生活能力，以培养贵族统治阶层需要的人。

甲骨文也记载了最早的天象、历法，如出现日月食、彩虹、大星、鸟星、新星、新大星等。甲骨文也记载了商代的一些气象，引起学者对商代气候的研究。如对雨的描述就有很多种，像大雨、小雨、多雨、雨疾、足雨、烈雨、从（纵）雨、延雨、来雨、云雨等。雹子，雷电，彩虹，旱灾，云彩，雾，风。甲骨文显示种种历法因素及现象已经齐备，反映商代的历法有一定系统并已经成熟，被广泛地颁行用于指导商代的日常生产生活。常玉芝《殷商历法研究》一书从商代纪时、纪日、纪月、纪年等方面，对甲骨文所载的天象记录进行考证，对商代干支记日法的研究；对甲骨文反映的商代记时用语的研究；计算天数的方法；纪日时间指示词的研究；对甲骨文反映的殷历月天数，置闰月的方法，月首的表示方法；殷历的纪年方法，殷历的年长，殷历的岁首等问题进行了细致讨论。这是系统研究殷商历法的重要著作，揭示了以往不知道的很多知识，辨明了争论已久的不少疑难问题，提出一些新的线索、新的启发，推动了殷商历法的研究。

7 周人甲骨文的重大学术价值

周原甲骨文对于研究周族文明的形成，商末周初的商周关系史，西周开国的重要史实，周与周围的方国关系，甲骨学新的分支学科的形成具有重要的意义。据王宇信《西周甲骨探论》一书统计，周原甲骨文中属于周文王时期的有23片，再现了文王时期周族的历史活动，这些文王时期的甲骨文字已经相当成熟，周族的文明时代还应该早在周文王以前。周原发现的甲骨中，有学者认为有祭祀商先王的甲骨，就是说周人视商人祖先为自己的崇拜对象，这对于研究商周关系极有帮助。周原甲骨文反映了周文王曾被商王册命为方伯的事实，与文献所载纣王册命周文王为西伯的记载相合。西周甲骨记载了西周早期的周楚关系，楚君来见周王并有献贡表示臣服之事。有建造洛邑的记录，在新邑祭祀的记录，这与《尚书》所载新邑建成，成王在新邑祭祀的事实相符。周文王受命为方伯以后，对周边小国的征服，如密、蜀、胡、巢等。周原甲骨文还记载了商王室的贵族箕子来周投降及被安置的情形。周原甲骨文有周初重要人物太保即召公奭、毕公、成叔等。近年新发现的周公庙出土周人甲骨文则记载了周文王的父亲王季、周文王、王（武王）、周公、毕公、召公和叔郑等。有文王征伐的崇，还有周初重要的邦国繁、蜀、微。这批甲骨文资料尚未公布，所以详细内容还有待更多材料的公布。

八　甲骨文在书学史上的地位及其艺术价值

甲骨文是最为珍贵的地下出土新材料，不但对中国古代史，特别是商史、商代文化及古文字研究，具有极为重要的意义，而且对现代书法艺术的推陈出新，对书学史的考镜源流，都有着不可低估的价值。

甲骨文作为晚商的实用文字，已经比较成熟，其在中国书学史上占据着重要的地位。在甲骨文字之前应有文字的创造萌芽时期，近些年发现的夏代文明遗址陶寺遗址，发现朱书文字，还有一些古陶文字，有学者认为是中国文字的早期形态。与晚商甲骨文同时的还有商代金文文字，以及发展到西周的甲骨文、金文文字，战国时期的竹简文字等。这些都是以书写材料性质命名的文字，其书写字体也各有特点，足以成为中国书学史上各个阶段的代表性书体。以往学者都已经注意到甲骨文字书体的变化，如上文谈到甲骨文分类的一个重要依据就是甲骨文的书体。1937 年郭沫若在《殷契粹编》序言中说："卜辞契于龟骨，其契刻之精而字之美，每令吾辈数千载后人神往。文字作风且因人因世而异，大抵武丁之世，字多雄浑，帝乙之世，文咸秀丽。细者于方寸之片，刻文数十，壮者其一字之大，径可运寸。而行之疏密，字之结构，乃还照应，井井有条。固亦间有草率急就者，多见于廪辛康丁之世，然虽潦倒而多姿，且亦自成其一格。凡此均非精于其技者绝不能为。技欲其精，则练之须熟，今世用笔墨者犹然，何况用刀骨耶?”举其书第1468片习字骨，数行文字中“仅一行精美整齐，余则歪刺几不能成字。然于此歪刺者中，却间有二三字，与精美整齐者之一行相同。盖精美整齐者乃善书善刻者之范本，而歪刺不能成字者乃学书学刻者之摹仿也。刻鹄不成，为之师范者从旁捉刀助之，故间有二三字合乎规矩。师弟二人蔼然相对之态，恍如目前，此实为饶有趣味之发现。且有此为证，足知存世契文，实一代书法，而书之契之者乃殷世之锺王颜柳也”。可谓对甲骨文在中国早期书学史上地位的肯定。随着甲骨学的发展，甲骨文知识、可识甲骨文字的增多，国内外的书学界也都把书法之源归于甲骨文。

甲骨文书法产生于甲骨文发现以后的第22个年头，首倡者为罗振玉。出于文人墨客的雅趣闲兴，主要是集已识的甲骨文字，书写诗文联句，抒发心境逸情，或自赏自娱，或辗转宾朋好友，衬之裱之，古意盎然，又每集成多联，以备随时录用。1921年2月罗振玉贻安堂石印版《集殷虚文字楹帖》，就是第一部甲骨文书法类的专书。在是书出版前，甲骨文发现的数量不多，已经释出的字更少，罗振玉《殷虚书契考释》

初版本印行于1914年，已识字才485字。到了1927年印行的增订本，已识字也不过571字。尚属草创时期的罗振玉甲骨文书法，自然不可避免地受到种种限制，其集甲骨文字也有不确之处，但其书基本遵循甲骨文本形，不随意造作，文人笔墨之功底和学养匠心独运，实开甲骨文书法先导。《集殷虚文字楹帖》一册，集有四言联语11对，五言61对，六言4对，七言5对，八言18对，共99对。当时以甲骨文入书法者，无不以罗振玉为楷法。稍晚于罗振玉而为甲骨文书法的是吴中文人章钰。1927年东方学会石印本《集殷虚文字楹帖汇编》，书中所见章钰所作甲骨文对联134对，其中四言26对，五言53对，六言8对，七言22对，八言22对，九言2对，十言1对。继罗振玉、章钰之后，尚有高德馨、王季烈继作。收入《集殷虚文字楹帖汇编》中高德馨所集有85对，其中四言12对，五言34对，六言5对，七言20对，八言14对。王季烈所集共24对，其中四言6对，五言4对，六言4对，七言6对，八言4对。收入《汇编》中的罗振玉甲骨文集联也有增删和订补，共177对。《汇编》所收四人甲骨文集联共420对。《汇编》出版后，对甲骨文书法的推广有很大影响，许多民间书法家无缘直接从甲骨文摩挲领会其神韵古风，常取此书作为楷式，其影响历久不衰。日本书家欧阳可亮曾经对《汇编》加以重新编辑整理，1961年由日本春秋学院出版发行。日本内山知也还对《汇编》作出译注，编为《甲骨文墨场必携》一书，1986年10月由东京木耳社出版。吉林大学古籍研究所对罗振玉《汇编》做了整理，1985年3月由吉林大学出版社影印出版，书前增加罗振玉原件手迹影件9对，书后附罗氏后裔罗继祖跋文及姚孝遂校记，对当今甲骨文书法艺术的欣赏和普及，应该有所裨益。不足的是书名换成了《集殷虚文字楹帖》，删去了“汇编”两字，恐有违罗振玉当初不没同好的量度。

罗、章、高、王四家的甲骨文书法特点是集为对联。继四人之后从事甲骨文书法艺术者，出现集诗的书法艺术。如浙江杭州名儒、西泠印社创始人之一鹤庐丁辅之，1928年他出版了石印本《商卜文集联·商卜文集诗》，书内收四言至十二言集联222对，集七绝诗30首，可谓别开生面。“丁氏甲骨文书法，格调高古，笔画劲挺，字形好为变体，书轴气浓厚，自辟书道之一途”（宋镇豪、刘源《甲骨学殷商史研究》，第240页）。稍晚于丁辅之的是广东番禺琴斋简经纶，其著有《甲骨集古诗联上编》，1937年2月由上海商务印书馆石印本，收诗37首，联句138对。是书影响颇大，叶恭绰、容庚、商承祚曾先后代序。从商承祚的序中可知，当时颇有一批文人学士受启于甲骨文集联，又进而集诗，书法上追殷商旧迹，蔚然成风，使书法艺术开一新天地。1969年严一萍将《甲骨集古诗联上编》与《集殷虚文字楹帖》、《商卜文集联集诗》三种合成《集契汇编》，由台北艺文印书馆影印出版。

与丁辅之、简经纶同时代者，还有汪同尘、陈邦福、王襄、董作宾等，均有甲骨文书法作品问世。近半个世纪以来，随着甲骨学这门国际性显学的弘扬光大，海内外从事甲骨文书法的书家辈出，偶尔为之者更难尽数。作品成专集专册出版者，如日本春秋学院甲骨学术研究室于1961年出版欧阳可亮《尧山甲骨美术第一集五十幅》。1985年欧阳可亮又集有《甲骨文书道作品集》。1990年日本东京总合科学出版部出有水野静石手书《甲骨文名句选》。美国魏乐唐1987年出版《魏乐唐书甲骨文集联》，中国台湾安国钧有《甲骨文字集联诗格言》，书者自序称在台30余年，读书写字之余，间习甲骨文字集古今佳句，得联104副，诗61首，格言51则，回文5句。该集于1978年由台北维新书局出版。1996年安国钧又出版《甲骨文字集联诗格言续编》、《甲骨文集联诗格言选辑》及《甲骨文字书例》等。台湾石叔明和林翰年在20世纪70年代出版有《甲骨文与诗》和《商卜文分韵》两个集子。后来台湾汉华文化事业股份有限公司又出版了石叔明一本《甲骨集词》。1992年台湾董玉京出有《甲骨文草书集》。1991年香港文德文化事业有限公司出版有黄孕褚《甲骨文与书法艺术》。四川成都何嵴写有《甲骨文字歌》，凡千余言，后附有字例及借用字表，其书体具有契刻韵味，利用文字借代来克服甲骨字汇量不足。1986年巴蜀书社以《甲骨文字帖》为名将是集出版。同年中州古籍出版社也出版了安阳刘兴隆书成的《甲骨文集句简释》，收成语短言143则，唐诗选句8则，集联25对，甲骨文治印43方，书作甚有刀笔尖锋，力量外露，文辞则甚粗憨，入俗流一路。1989年北京日报出版社又出版了刘兴隆《甲骨文集联书法篆刻专集》。东北师范大学出版社 1987 年出版了孙常叙书写的《龟甲兽骨文字集联》。1994 年北京龙门书局出有《柳学智甲骨文书唐诗一百首》。近些年来汇总众家的甲骨文书法作品不断出版，安阳段长山、魏峰合编的《甲骨文书法艺术大观》，由河南中州古籍出版社 1991 年出版。江苏省甲骨文学会先后编有《中日首届甲骨文书法选集》、《江苏省甲骨文学会首届书法展》、《首届海峡两岸甲骨文书法联展作品集》，分别于 1998、1999 年在南京印行。2005 年中国人民对外友协、中国殷商文化学会、安阳师范学院、日本北枝篆会联合编印了《中国古文字起源——中日甲骨文书法展》，收中方作品 98 件，日方作品 84 件，原作还在国家博物馆等处展出过。王经纬、王炜红编的《甲骨文集联五百例》，由西泠印社出版有限公司于 2010 年出版。

为了适应甲骨文书法的推广普及和观赏水平的提高，历年来不断有专门性质的书法字书，如马德璋编有《古籀文汇编》，1934 年由上海中国书店石印出版。同年商务印书馆也石印了徐文镜的《古籀汇编》。两书大抵均为荟萃甲骨文、金文、古陶文、古币文、古兵器文字等，纂成一编。1988 年北京博文书店出有赵侣编《七体书法字典》，收首文 7030 个，包括甲骨文、金文、小篆、隶书、草书、行书、楷书等字形 3 万余字。1991 年四川辞书出版社出版徐无闻主编的《甲金篆隶大辞典》，收字头 6930 个，各类形体 40527 字。1990 年上海书店出版濮茅左、徐谷甫编纂的《商甲骨文选》，精选字清晰、书法上乘者千余字，重文 6000

余，进行放大，并根据甲骨分期编排，附有笔画索引表。这种利用当代印刷技术，再创甲骨文书法揣摩范体，返本索真，堪为书林后法。

20 世纪 80 年代后期，日本书道界先后推出一批甲骨文书法的工具性字书，如东京木耳出版的小林万寿所编三书：《甲骨文字字典》，共 336 页，附有解说及索引；《甲骨文字精华》，有照相图版 220 页，附有解说 34 页，印制精良，利于临摹；《五体篆书字典》共 840 页，收甲骨文、金文、古玺文、小篆、印篆，字汇达七万余字。2007 年 1 月上海书店出版了濮茅左编的《甲骨文常用字汇》，“为方便广大的爱好者学习，本书精选商周甲骨文中的常用字，按照其风格进行排列，书后附笔画及汉语拼音两种检字表。本书既是字帖又是字典，一册在手，可欣赏、可临摹、可检索”。近两年出版的甲骨文书法字书的工具书还有，姜修尚《甲骨文书法常用字汇编》，重庆大学出版社 2009 年出版；马如森《甲骨文书法大字典》，上海大学出版社 2010 年出版。

书法是一种综合性的艺术，写好甲骨文字需要一些准备工作。其一，甲骨书法家要有一定的文学修养。好的甲骨文书法作品，不仅字要写得好，而且内容也要不落俗套，给人以一种新的境界。这就需要书法家具有一定的文学素养和道德修养。其二，甲骨文书法家要有一定的甲骨学基础，要认识一定数量的甲骨文字，具有一定的文字学基础。目前为大多数人所承认的已识字有一千多字，甲骨书法家继承和吸收前辈甲骨学者考释甲骨文字的现有成果是不难办到的。此外，还可以从已经出版的著录甲骨文的书中去集甲骨文字，这就要求甲骨文书法家应粗通甲骨文，可以郭沫若《卜辞通纂》和《殷契粹编》作为识字入门书。了解一些古文字学的知识，揣摩甲骨文字造字方法，文字架构。其三，要看和临摹一些甲骨拓本。甲骨文是用刀契刻到甲骨上的，而甲骨文书法是用毛笔书写的，这就要反复体会用毛笔如何表现出刀刻的风格，而又不失毛笔的笔意。如集大成式的甲骨文著录——《甲骨文合集》、《小屯南地甲骨》、《甲骨文合集补编》等可供摩挲参考。同时需要懂得一些甲骨文例的知识。要想提高甲骨文书法艺术水平，还需要了解甲骨文不同时期有不同的书体，也要懂得甲骨文字字形的偏旁分析和从别的文字中借字的道理，这样才能写出符合甲骨文不同时代的书体特点，与三千多年前甲骨文的韵味，即所书甲骨文书法在文字结构、气势等方面与真正的甲骨文字要神似。

甲骨文出土，令书法界有幸再睹三千年前旧迹，以甲骨文集联、集诗、集句，以甲骨文书法施诸印章的方寸之间，刻求章法、刀法的千端造化，使书法治印艺术上追上古遗风，勾绘出近现代书法艺术领地一大推陈出新的特色，许多专家学人都为此作出了出色的努力，取得了可观的收获。随着时代的推移，甲骨文书法定会出现更多更完美的形式和内容，必将更好地推动和促进现代书法艺术的发展。

周人甲骨文的微雕艺术，目前发现的周人甲骨上的文字一般都很少，而且字迹纤小，如粟米大小，需要放大几倍才能辨识清楚。这对于探讨中国古代的微雕技术和艺术提供了很好的素材。2002 年曹玮编《周原甲骨文》的出版，将放大的彩色甲骨图版公布于世，不仅对于研究周人甲骨、周人历史有重要作用，而且对于了解周人甲骨的刻写、微雕技术艺术都是有重要意义的。近年周公庙遗址发现了不少有字周人甲骨，不久的将来整理出版，必然进一步促进相关学科的研究进展，为周人甲骨文的研究、周代历史的研究提供珍贵的材料。

九　甲骨文研究展望

自 1899 年王懿荣首先鉴定殷墟甲骨文为古代文字，到现在已经 110 周年。甲骨学在 110 多年中发展成为一门国际性的学科，现在正以迅速的发展势头在 21 世纪继续向前发展。前辈学者在总结甲骨学发展史时，都特别关注了甲骨文资料的搜集、整理公布，甲骨文工具书的编纂出版，甲骨文分期的讨论研究，这些在 20 世纪已经作出了很大的成绩，为今后甲骨学的发展提供了很好的条件。未来甲骨文的研究应该属于全面系统深入研究的阶段，可能在如下一些方面需要重点探索。

李学勤先生在《甲骨学的七个课题——纪念甲骨发现一百周年》一文中举出的七个课题，仍是未来甲骨文研究的重点，以下略作陈述和补充。

第一，甲骨文材料的继续发现。

甲骨文材料是甲骨学研究的基础，新材料的出土，必将给甲骨学的研究提出新问题，并推动甲骨学研究的深入。未来也必须对甲骨文新材料的搜集给予高度注意，期待甲骨文新材料的继续发现。1899 ~ 1928 年的30多年"盗掘"，以及1928年以后至今持续80多年的科学发掘，仍屡有出土，所以说殷墟甲骨文并没有被挖掘殆尽，地下仍应有不少埋藏。从历年来的挖掘所获看，在小屯村周围如小屯西地、小屯南地、小屯东地发掘次数较少，还有可能出土甲骨。另外处于东南西北皆有甲骨发现包围的小屯村中，一定也藏有大量甲骨，村中民房所占之地，历年基本没进行过发掘工作，将来可能会有重要的甲骨堆积出土。从近年发现的非王卜辞看来，以后在小屯村发现贵族占卜的非王卜辞的概率会更大。在殷墟以外的商代遗址中，过去也有发现甲骨文，如郑州中商遗址，有望以后还会有新的甲骨文出土。另外商代的外服是否也有占卜的记录，即在目前发现的直接受商文化影响的遗址中，将来是否会有甲骨文的发现。周人甲骨文继凤雏发现大宗甲骨后，近年在岐山周公庙遗址又有不少发现，前文已经述及，未来在西周王朝建立前后的政治中心可能还会有大量的发现。过去在西周初期分封的诸侯国所在都城，如燕国的都城房山琉璃河城址，邢国都城邢台南小汪遗址等都有发现少量的甲骨文。西周甲骨文使用的范围更广，未来有在西周各诸侯国遗址继续发现甲骨文的可能。

第二，甲骨文字的研究。

甲骨文字的释读是进行甲骨文以及商史研究的中心内容和关键所在。只有读懂甲骨文字，进而弄懂卜辞文意，才能运用卜辞材料来论证一些具体问题。目前已经发现的甲骨文单字有四五千字，释读出来并被大家公认的包括比较容易认出且不劳研究的如“一”、“二”、“三”等字，不足一半。所以考释甲骨文字仍然是研究甲骨文的迫切任务。现在没有被释读出来的字，不少是人名、地名。这些人名、地名多未被承袭下来，这样的字能否考释出来，关系不是很大。但是甲骨文中的常用字，是否被正确释读，对于研究就会有很大影响。释读甲骨文字，一般是说明此字相当于后世的某字，需要指出甲骨文字与后世之字的字形演变的联系，以及音、义的演变。若不能说明这种古今联系，释读即缺乏可信的基础。释读出来的甲骨文字，还需要回到具体的辞例中验证，看是否全部能解释得通。由于商代甲骨文已经具备了成熟的系统，是比较成熟的汉字，不妨以后世的文字为起点，向前逐渐追溯，追溯其在甲骨文中是否存在，若存在又作何种字形，有何种字义、用法。这样与以往由甲骨文字体向后寻找字体、字义联系的方法结合起来，可能会有不少收获。

第三，卜法、文例的研究。

甲骨文多数为占卜过程的记录。对甲骨占卜产生变化的历史及其操作方法的理解，有助于认识甲骨和甲骨文。用甲骨来占卜的习俗，在龙山文化期若干种文化皆以烧灼胛骨占卜，只是没有把占卜记录刻于胛骨上的风气。但烧灼胛骨占卜的习俗从何兴起和传播的过程尚不是很清楚。现在无字占卜甲骨已经出土很多，从出土无字占卜甲骨的地点入手，或许会有所突破。研究甲骨的卜法，有助于读卜辞。如何去读卜辞就是甲骨学上说的甲骨文例问题。如前文我们也谈到的，从准备征取甲骨开始，经过修治甲骨，开始占卜操作，如何钻凿、如何烧灼、判断卜兆、刻写卜兆数字，贞问内容、王看了卜兆之后的占语，以及验辞的刻写。占卜的过程如何一一记录在甲骨上面。一版上的卜辞彼此之间有什么关系，不同版上的卜辞互相又可能有什么关系，像这样的文例对于甲骨学研究都非常的重要。

第四，缀合、排谱的研究。

甲骨缀合的重要性，前辈学者早已认识到并给予特别的重视。目前发现的甲骨大多为分裂破碎者，原属于同版的甲骨碎片的连接、复原，称为缀合。本来卜辞内容、反映史事相关联的不同版甲骨的排比连属起来，则被称为排谱。李学勤说最需要也最值得缀合排谱整理工作的，是1936年小屯村北发现的YH127坑卜甲。这坑卜甲在挖掘时有完整的龟版三百余件，可惜因为日本侵华战争，辗转运输，又复破碎。著录此坑甲骨的《殷虚文字乙编》已经有新版以及补编，坑层记录也已经发表，彻底整理此坑卜甲的条件已经成熟。目前在中国社会科学院历史研究所先秦史研究室网站上，已经发表不少对《殷墟文字乙编》中卜甲进行缀合的文章。李学勤认为在小屯村中、村南系卜辞中，特别值得做缀合、排谱整理工作的，是近些年被学者热烈讨论的历组卜辞。历组卜辞多见于《英藏》、《殷虚文字甲编》、《战后宁沪所见甲骨集》、《怀特氏等藏甲骨集》、《京都大学人文科学研究所藏甲骨文字》、《小屯南地甲骨》等，卜辞分类断代的研究者多定其为商王武丁至祖庚时期。将这些卜辞搜集一起，进行缀合、排谱，可以得到更多的信息，对于这类甲骨的断代和进行商史研究都具有重要的意义。2003 年出版的《殷墟花园庄东地甲骨》是一大宗非王卜辞，有 561 版，以大块和完整的卜甲居多。《花东》出版后已经有不少学者又进行了缀合排谱工作。目前所见几种进行排谱研究的，有魏慈德《殷墟花园庄东地甲骨卜辞研究》列举了 53 组同文卜辞，姚萱《殷墟花园庄东地甲骨卜辞的初步研究》中整理了 24 组卜辞系联组，韩江苏《殷墟花东 H3 卜辞主人“子”研究》通过分析花东 H3 全部卜辞，认为可用于排谱系联的卜辞，有 253 版。韩江苏以同版龟甲上占卜时期相邻、同文卜辞、相同时间、地点、事类三位一体系联原则，排出同文卜辞系联 32 组；以十个地点为活动中心的十大排谱系联组。经过韩江苏的排谱系联工作，判断花东 H3 甲骨延续时间大致为一年。排谱之后，韩江苏对花东 H3 卜辞主人“子”的一系列礼仪活动作出了深入研究。排谱的结果使甲骨文这种零散的资料，成为更加科学的史料，为商史研究提供更有价值的史料。这部分非王卜辞对于研究商代的家族结构、社会性质、非王卜辞主人与商王的关系等重要商史问题都有着重要意义。

第五，关于礼制的研究。

对甲骨文所反映的礼制的研究，长期以来未能得到足够的重视，殷墟甲骨是商朝占卜的遗物，卜辞内涵多与礼制有关。在甲骨文发现的早期，已经有些学者进行尝试探讨，后来从这个角度研究的人逐渐减少了。近几年又有不少从礼制角度研究的论著。夏商周三代礼制相承袭，对于其间的沿革，孔子曾经有所论述，“殷因于夏礼，所损益，可知也；周因于殷礼，所损益，可知也。其或继周者，虽百世，可知也”（《论语·为政》）。同时又慨叹因为文献不足，殷礼已经不足征（参考《论语·八佾》）。甲骨文的发现，使已经亡佚的殷礼有了大量第一手材料的依据。可以尝试从文献和金文反映的周代礼制，上推商代礼制，周代的礼制作为研究商代礼制的重要参考，而以甲骨文的解读为主。正如李学勤在《甲骨学通论序》中所说“礼制的探索在一定意义上是甲骨研究的一把钥匙”。商周礼制的异同，自王国维《殷周制度论》发表以来，已经成为古史研究中的一大问题。通过多年来的研究，不少学者认识到殷周间的礼制因袭多于变革，周代的很多礼制可以在甲骨文中找到早期的雏形。上文在甲骨文反映商代礼制部分中，谈到的一些礼制，在传世文献与金文中皆有证据，于周代是确实存在的。而这些礼制在商代的具体形态还需要更多的材料去证明。这可能是以后继续研究的方向和重要任务。

第六，关于商代地理的研究。

甲骨文中有许多历史地理方面的材料，一直以来被学者重视。王国维《殷虚卜辞中所见地名考》一文，已经为甲骨地理研究开其先河。多年来有关甲骨文中地理的研究进展不是很大，可能受早期所了解的考古知识有限，文献记载殷商疆域范围的限制。近些年广泛开展的田野考古工作，发现商文化和直接受商文化影响的遗存，其分布地域，远远超过以往的认识和观念。1994年饶宗颐、沈建华主编的《甲骨文通检》第二册“地名”出版，所收地名已经达到1027个，这样繁多的地名绝非狭小的区域内所能容纳的。甲骨文中的地名也存在异地同名的情况，过去使用地名联系的方法，现在看来存在不少问题。并且古今地名变化较大，后世地名相同或相似的很多，单纯的地名比附，是很危险的。李学勤认为“要真正确定甲骨文地名的方位，还有赖于寻找考古学的证据”。即以甲骨文地名与考古遗址相互参照。

第七，非王卜辞的研究。

目前发现的殷墟甲骨文大多为王卜辞，但还有一些占卜的主体不是商王，而是商王朝的重要贵族，从称谓系统看，不以商王为中心。非王卜辞的占卜主体不是商王，并不意味着其主体人物与商王没有关系。也许他们的关系还是相当亲密的，比如王的儿子、后妃或近臣之类。他们所占卜的甲骨有时会和王占卜的甲骨混合在一起，如YH127坑甲骨在宾组王卜辞之外，尚有“子组”、“午组”等几种非王卜辞。经过多年的研究，这些非王卜辞已经逐渐被从王卜辞中区别出来。现已经发现单独储藏的非王卜辞甲骨，如殷墟花园庄东地甲骨，以及2002年小屯村南修路所发现的“午组”卜辞。仔细考察这些互不相同的各种非王卜辞，使我们能够看到商代社会更多的侧面。非王卜辞的文字写法、卜辞格式更富于变化，可以增进人们对商代文化面貌的认识。如花东 H3 甲骨卜辞的一些字体改变了以往的一些学术认识。对殷墟花园庄东地甲骨卜辞的研究，将推进对商代社会结构、家族结构、商代内服生活状态、贵族礼制等方面的研究。

第八，西周甲骨的研究。

20 世纪 40 年代，已经有学者根据文献记载，推断周人应该有甲骨文。1951 年在陕西邠县发现了第一片西周卜骨实物，没有文字。1954 年在山西洪洞坊堆村首次发现了西周有字甲骨。之后在陕西长安、扶风、岐山，北京的昌平、房山，河北的邢台等地，陆续发现了西周甲骨文，其中最为重要的一批发现于岐山凤雏一处房屋基址两个灰坑中。卜甲中有几片早到周文王时期，可能是占卜周文王受封西伯之事，资料非常重要。2002 年曹玮先生编著《周原甲骨文》（世界图书出版有限公司）以放大的彩色照片，将此前发掘的周人甲骨出版。近年发现的周公庙遗址出土的周人甲骨也非常重要，如甲骨文中发现人物王季、文王、王、周公、毕公、召公和叔郑；发现的地名或方国有周、澧、新邑、商、崇、繁等。关于祭祀的卜辞不多，值得注意的有“宁风”卜辞，“宁风”的意思就是风调雨顺。关于战争的卜辞，最值得注意的是卜辞中屡次出现“翦”字，有学者考订，应读为“翦伐”的“翦”字，认为多与战争有关。周公庙出土的甲骨文中，周初王朝的一些重要人物，如周公、大保、毕公的屡次出现，说明占卜主体的等级很高，性质重要；“王季”、“文王”皆首次见于甲骨文。“毛叔郑”参与武王伐纣，可作为这批卜辞较早的证据。唐、先、薄姑、麗等方国的出现，可能与周公灭唐、周公东征有关。字体多样说明卜辞性质复杂，背后的贞人集团很庞大。

西周甲骨与商的甲骨不属于一个卜法系统，许多问题还需要单独探讨，殷墟甲骨的研究成果可以用来参考。西周甲骨文与传世文献如《诗经》、《尚书》、《周礼》等比较接近，在互相参照中，进行研究有着特殊的便利条件。相信未来周公庙甲骨的研究必会推动西周甲骨研究的发展，对于商周关系，西周开国的历史等都会有很大推动作用。

第九，甲骨学人才的培养。

古往今来学术的发展，都有一批献身于斯学，并不断追求有所创新的群体。学术无止境，任何一门学问都在其学术的不断传承中得到完善和发展。前辈学者言传身教，其成果和治学经验是可资借鉴的文化遗产，后辈学人的勤奋进取，在继承发扬中生生不已，从而保证了学问的不绝如缕和历年常新。目前，从中国社会科学院历史研究所先秦史研究室网站发表的关于古文字、甲骨文缀合、甲骨文与殷商史等方面文章看，一大批出生于20世纪七八十年代的青年才俊正在勤奋于斯学，不断取得新的研究成果，他们各自继承其师门所长，并吸收借鉴前辈学者研究成果和研究方法，或侧重甲骨缀合，或侧重古文字考释，或侧重殷商史研究。可谓甲骨学与殷商史研究的新生力量。

后　记

五千年中华文明史中，使用甲骨占卜的习俗产生很早，但把卜问内容刻于甲骨之上，形成卜辞则为中国上古时代的殷商王朝中后期的风尚。这是中华文明有别于世界其他文明的重要特点之一，甲骨文在中华文明史以及世界文明史上都应有其重要地位。把甲骨文的研究史、甲骨文本身的一些知识介绍给更多的爱好者和一般的读者，宣传中华古代文明，意义是重大的。笔者希望通过这本小册子能够把甲骨学的一些知识及甲骨文发现 110 周年以来学界对甲骨文研究的历史概况介绍给读者，能够粗略展示中国上古文明的一些侧面。

笔者在甲骨学先秦史研究的队伍中，是识见浅薄的后学。在北京师范大学读研究生期间，有幸先后从罗新慧老师、晁福林老师学习先秦史，逐渐对甲骨学殷商史产生浓厚兴趣。博士论文《商周服制研究》中涉及甲骨文中关于内外服的资料，关于内外服朝见商王、祭祀、征伐、纳贡等方面的材料。取得博士学位后到东北师范大学历史文化学院工作，承王和先生委托写作《甲骨文史话》，对于我这样的后学既是一个锻炼的机会，也是一个挑战考验。用简明的文笔将甲骨文的一些知识、甲骨文研究的历史写清楚，是一件相当困难的事情。这本小书的完成，幸有前辈学者的大作可以学习借鉴，有诸位师长可以请教。写作小书过程中，参考前辈时贤学术成果多已在行文中有所标示，限于是书体例未能一一做出详细标注，祈望前辈时贤见谅。在写作小书过程中，一直得到王和先生的鼓励和教诲，谨此表示感谢。还要特别感谢晁福林师、罗新慧师多年来对我的教诲和帮助，是两位恩师改变了我的人生命运。社会科学文献出版社的领导、责任编辑以及其他工作人员为小书出版付出大量辛勤劳动，在此一并表示感谢。

因笔者学力所限，这本小书疏漏和错误在所难免。笔者真诚地欢迎读者的批评指教。如果这本小书能够使关心甲骨学殷商史研究的读者得到点滴收益，笔者内心亦感到幸甚！

张利军

参考书目

1. 胡厚宣：《殷墟发掘》，上海学习生活出版社，1955。
2. 严一萍：《甲骨学》，台北艺文印书馆，1978。
3. 萧艾：《甲骨文史话》，文物出版社，1980。
4. 王宇信：《西周甲骨探论》，中国社会科学出版社，1984。
5. 吴浩坤、潘悠：《中国甲骨学史》，上海人民出版社，1985。
7. 〔日〕岛邦男：《殷墟卜辞研究》（濮茅左、顾伟良译本），上海古籍出版社，2006。
8. 陈梦家：《殷虚卜辞综述》，中华书局，1988。
9. 张秉权：《甲骨文与甲骨学》，台北“国立”编译馆，1988。
10. 王宇信：《甲骨学通论》，中国社会科学出版社，1989。
11. 中国社会科学院考古研究所：《殷墟的发现与研究》，科学出版社，1994。
12. 李学勤、彭裕商：《殷墟甲骨分期研究》，上海古籍出版社，1996。

13. 裘锡圭、胡振宇编校《中国现代学术经典·董作宾卷》，河北教育出版社，1996。
14. 王宇信、孟世凯、宋镇豪、杨升南、常玉芝：《甲骨学一百年》，社会科学文献出版社，1999。
15. 宋镇豪、常耀华：《百年甲骨学论著目》，语文出版社，1999。
16. 赵诚：《二十世纪甲骨文研究述要》，书海出版社，2006。
17. 宋镇豪、刘源：《甲骨学殷商史研究》，福建人民出版社，2006。
18. 黄天树：《殷墟王卜辞的分类与断代》，科学出版社，2007。
19. 孟世凯：《甲骨学辞典》，上海人民出版社，2009。

《中国史话》总目录

系列名	序号	书名	作者
物质文明系列（10种）	1	农业科技史话	李根蟠
	2	水利史话	郭松义
	3	蚕桑丝绸史话	刘克祥
	4	棉麻纺织史话	刘克祥
	5	火器史话	王育成
	6	造纸史话	张大伟　曹江红
	7	印刷史话	罗仲辉
	8	矿冶史话	唐际根
	9	医学史话	朱建平　黄　健
	10	计量史话	关增建
物化历史系列（28种）	11	长江史话	卫家雄　华林甫
	12	黄河史话	辛德勇
	13	运河史话	付崇兰
	14	长城史话	叶小燕
	15	城市史话	付崇兰
	16	七大古都史话	李遇春　陈良伟
	17	民居建筑史话	白云翔
	18	宫殿建筑史话	杨鸿勋
	19	故宫史话	姜舜源
	20	园林史话	杨鸿勋
	21	圆明园史话	吴伯娅
	22	石窟寺史话	常　青
	23	古塔史话	刘祚臣
	24	寺观史话	陈可畏

系列名	序号	书名	作者
物化历史系列（28种）	25	陵寝史话	刘庆柱　李毓芳
	26	敦煌史话	杨宝玉
	27	孔庙史话	曲英杰
	28	甲骨文史话	张利军
	29	金文史话	杜　勇　周宝宏
	30	石器史话	李宗山
	31	石刻史话	赵　超
	32	古玉史话	卢兆荫
	33	青铜器史话	曹淑琴　殷玮璋
	34	简牍史话	王子今　赵宠亮
	35	陶瓷史话	谢端琚　马文宽
	36	玻璃器史话	安家瑶
	37	家具史话	李宗山
	38	文房四宝史话	李雪梅　安久亮
制度、名物与史事沿革系列（20种）	39	中国早期国家史话	王　和
	40	中华民族史话	陈琳国　陈　群
	41	官制史话	谢保成
	42	宰相史话	刘晖春
	43	监察史话	王　正
	44	科举史话	李尚英
	45	状元史话	宋元强
	46	学校史话	樊克政
	47	书院史话	樊克政
	48	赋役制度史话	徐东升

系列名	序号	书名	作者
制度、名物与史事沿革系列（20种）	49	军制史话	刘昭祥　王晓卫
	50	兵器史话	杨　毅　杨　泓
	51	名战史话	黄朴民
	52	屯田史话	张印栋
	53	商业史话	吴　慧
	54	货币史话	刘精诚　李祖德
	55	宫廷政治史话	任士英
	56	变法史话	王子今
	57	和亲史话	宋　超
	58	海疆开发史话	安　京
交通与交流系列（13种）	59	丝绸之路史话	孟凡人
	60	海上丝路史话	杜　瑜
	61	漕运史话	江太新　苏金玉
	62	驿道史话	王子今
	63	旅行史话	黄石林
	64	航海史话	王　杰　李宝民　王　莉
	65	交通工具史话	郑若葵
	66	中西交流史话	张国刚
	67	满汉文化交流史话	定宜庄
	68	汉藏文化交流史话	刘　忠
	69	蒙藏文化交流史话	丁守璞　杨恩洪
	70	中日文化交流史话	冯佐哲
	71	中国阿拉伯文化交流史话	宋　岘

系列名	序 号	书 名	作 者
思想学术系列（21种）	72	文明起源史话	杜金鹏　焦天龙
	73	汉字史话	郭小武
	74	天文学史话	冯　时
	75	地理学史话	杜　瑜
	76	儒家史话	孙开泰
	77	法家史话	孙开泰
	78	兵家史话	王晓卫
	79	玄学史话	张齐明
	80	道教史话	王　卡
	81	佛教史话	魏道儒
	82	中国基督教史话	王美秀
	83	民间信仰史话	侯　杰
	84	训诂学史话	周信炎
	85	帛书史话	陈松长
	86	四书五经史话	黄鸿春
	87	史学史话	谢保成
	88	哲学史话	谷　方
	89	方志史话	卫家雄
	90	考古学史话	朱乃诚
	91	物理学史话	王　冰
	92	地图史话	朱玲玲

系列名	序号	书名	作者
文学艺术系列（8种）	93	书法史话	朱守道
	94	绘画史话	李福顺
	95	诗歌史话	陶文鹏
	96	散文史话	郑永晓
	97	音韵史话	张惠英
	98	戏曲史话	王卫民
	99	小说史话	周中明　吴家荣
	100	杂技史话	崔乐泉
社会风俗系列（13种）	101	宗族史话	冯尔康　阎爱民
	102	家庭史话	张国刚
	103	婚姻史话	张　涛　项永琴
	104	礼俗史话	王贵民
	105	节俗史话	韩养民　郭兴文
	106	饮食史话	王仁湘
	107	饮茶史话	王仁湘　杨焕新
	108	饮酒史话	袁立泽
	109	服饰史话	赵连赏
	110	体育史话	崔乐泉
	111	养生史话	罗时铭
	112	收藏史话	李雪梅
	113	丧葬史话	张捷夫

系列名	序 号	书 名	作 者
近代政治史系列（28种）	114	鸦片战争史话	朱谐汉
	115	太平天国史话	张远鹏
	116	洋务运动史话	丁贤俊
	117	甲午战争史话	寇　伟
	118	戊戌维新运动史话	刘悦斌
	119	义和团史话	卞修跃
	120	辛亥革命史话	张海鹏　邓红洲
	121	五四运动史话	常丕军
	122	北洋政府史话	潘　荣　魏又行
	123	国民政府史话	郑则民
	124	十年内战史话	贾　维
	125	中华苏维埃史话	杨丽琼　刘　强
	126	西安事变史话	李义彬
	127	抗日战争史话	荣维木
	128	陕甘宁边区政府史话	刘东社　刘全娥
	129	解放战争史话	朱宗震　汪朝光
	130	革命根据地史话	马洪武　王明生
	131	中国人民解放军史话	荣维木
	132	宪政史话	徐辉琪　付建成
	133	工人运动史话	唐玉良　高爱娣
	134	农民运动史话	方之光　龚　云
	135	青年运动史话	郭贵儒
	136	妇女运动史话	刘　红　刘光永
	137	土地改革史话	董志凯　陈廷煊
	138	买办史话	潘君祥　顾柏荣
	139	四大家族史话	江绍贞
	140	汪伪政权史话	闻少华
	141	伪满洲国史话	齐福霖

系列名	序号	书名	作者
近代经济生活系列（17种）	142	人口史话	姜　涛
	143	禁烟史话	王宏斌
	144	海关史话	陈霞飞　蔡渭洲
	145	铁路史话	龚　云
	146	矿业史话	纪　辛
	147	航运史话	张后铨
	148	邮政史话	修晓波
	149	金融史话	陈争平
	150	通货膨胀史话	郑起东
	151	外债史话	陈争平
	152	商会史话	虞和平
	153	农业改进史话	章　楷
	154	民族工业发展史话	徐建生
	155	灾荒史话	刘仰东　夏明方
	156	流民史话	池子华
	157	秘密社会史话	刘才赋
	158	旗人史话	刘小萌
近代中外关系系列（13种）	159	西洋器物传入中国史话	隋元芬
	160	中外不平等条约史话	李育民
	161	开埠史话	杜　语
	162	教案史话	夏春涛
	163	中英关系史话	孙　庆

系列名	序号	书名	作者
近代中外关系系列（13种）	164	中法关系史话	葛夫平
	165	中德关系史话	杜继东
	166	中日关系史话	王建朗
	167	中美关系史话	陶文钊
	168	中俄关系史话	薛衔天
	169	中苏关系史话	黄纪莲
	170	华侨史话	陈 民 任贵祥
	171	华工史话	董丛林
近代精神文化系列（18种）	172	政治思想史话	朱志敏
	173	伦理道德史话	马 勇
	174	启蒙思潮史话	彭平一
	175	三民主义史话	贺 渊
	176	社会主义思潮史话	张 武 张艳国 喻承久
	177	无政府主义思潮史话	汤庭芬
	178	教育史话	朱从兵
	179	大学史话	金以林
	180	留学史话	刘志强 张学继
	181	法制史话	李 力
	182	报刊史话	李仲明
	183	出版史话	刘俐娜
	184	科学技术史话	姜 超

系列名	序号	书名	作者
近代精神文化系列（18种）	185	翻译史话	王晓丹
	186	美术史话	龚产兴
	187	音乐史话	梁茂春
	188	电影史话	孙立峰
	189	话剧史话	梁淑安
近代区域文化系列（11种）	190	北京史话	果鸿孝
	191	上海史话	马学强　宋钻友
	192	天津史话	罗澍伟
	193	广州史话	张　苹　张　磊
	194	武汉史话	皮明庥　郑自来
	195	重庆史话	隗瀛涛　沈松平
	196	新疆史话	王建民
	197	西藏史话	徐志民
	198	香港史话	刘蜀永
	199	澳门史话	邓开颂　陆晓敏　杨仁飞
	200	台湾史话	程朝云

《中国史话》主要编辑
出版发行人

总 策 划　谢寿光　王　正

执行策划　杨　群　徐思彦　宋月华
　　　　　　梁艳玲　刘晖春　张国春

统　　筹　黄　丹　宋淑洁

设计总监　孙元明

市场推广　蔡继辉　刘德顺　李丽丽

责任印制　岳　阳